t. TRAUNER

Silvia Schneider

# SILVIA KOCHT
*und die kulinarische Reise geht weiter*

Alle Rechte vorbehalten. Kein Teil des Werkes darf in irgendeiner Form (durch Fotografie, Mikrofilm oder andere Verfahren) ohne schriftliche Genehmigung des Verlages reproduziert oder unter Verwendung elektronischer Systeme verarbeitet, vervielfältigt oder verbreitet werden.

1. Auflage 2021
Copyright © 2021 by
TRAUNER Verlag + Buchservice GmbH
Köglstraße 14, 4020 Linz, Austria

**Lektorat und Produktmanagement:** Claudia Höglinger, Birgit Prammer

**Layout und Gestaltung:** Bettina Victor, Teresa Foissner

**Korrektorat:** Mag. Bettina Trauner

**Fotografien:** Simeon Baker
shutterstock.com (Stift St. Florian)

**Herstellung:** Samson Druck GmbH
Samson Druck Straße 171,
5581 St. Margarethen

**ISBN:** 978-3-99113-192-2

## Silvia kocht

Der erste Weg führte uns Kinder beim sonntäglichen Mittagessen immer in die Küche meiner Oma – ihr Heiligtum, ihr Reich!

Wir hatten noch nicht einmal die Schuhe ausgezogen, stürmten wir schon hintereinander durch die alte Glastüre, um einen Blick in die dampfenden Töpfe und brutzelnden Pfannen zu werfen. Im Chor riefen wir: „Was gibt's zu essen?" Ihre Antwort war immer die gleiche: „Ratet mal!" Dann ging es auch schon los: „Krenfleisch mit Ofenkartoffeln, gefüllte Paprika, Kürbiszuspeis mit faschierten Laibchen …" Mit einem Schmunzeln schob uns unsere Oma dann immer aus der Küche und bat uns, schon am Tisch Platz zu nehmen.

Die Tischdecke war makellos weiß, gestärkt und lag akkurat auf dem ovalen Esstisch im Speisezimmer. Darauf befanden sich Kristallgläser, edles Porzellan, Silberbesteck und immer auch eine gestärkte Stoffserviette für jeden Gast. Niemals werde ich den Anblick des Speisezimmers vergessen: Vorhänge aus feiner, cremefarbener Spitze, das bunte Ölgemälde einer üppigen, mit Blumen gefüllten Blumenvase und der große, glänzende Kristallluster über dem Tisch. So begann jedes Mittagessen bei meiner Oma und es endete meist mit geleeüberzogenen Himbeertörtchen und reichlich Schlagobers.

Wenn ich heute Gäste habe, versuche ich immer an die hervorragenden Rezepte meiner Oma anzuknüpfen und bemühe mich, genauso ordentlich mit Tischwäsche und Geschirr umzugehen wie sie. Es gelingt mir nicht immer, aber ich bin mir sicher, dass sie stets über meine Schulter blickt, wenn ich einen Tisch decke und selbst den Kochlöffel schwinge.

Lernen darf ich dabei von den Besten des Landes und das empfinde ich als große Ehre. Einige der köstlichsten Rezepte haben wir für Sie in diesem Buch zusammengefasst.

Lassen Sie uns Gäste empfangen, das Tischtuch ausbreiten, die Teller platzieren und herrliche Gerichte auf den Tisch zaubern.

# Frühling

| | |
|---|---|
| Kürbis-Gnocchi mit Schmelztomaten, Ziegenfrischkäse und Rucola (Cooking Catrin) | 12 |
| Moderner Reindling (Cooking Catrin) | 14 |
| Kräuterpalatschinken (Dani Sternad) | 17 |
| Kohlrabisalat (Paul Ivić) | 22 |
| Kartoffelpizza (Paul Ivić) | 24 |
| Confierter Saibling mit Buttermilch-Schnittlauch-Vinaigrette (Max Natmessnig) | 28 |
| Rehrücken mit Rahmpolenta, grünem Spargel und Fichtenwipferlhonig (Max Natmessnig) | 30 |
| Parmesankroketten mit Basilikummayonnaise (Lukas Kienbauer) | 34 |
| Grüne Gazpacho / Gurke / Apfel / Fencheljoghurt (Lukas Kienbauer) | 36 |
| Kichererbsencurry (Michael Schottenberg) | 40 |
| Indisches Huhn mit Mandeln (Michael Schottenberg) | 42 |
| Tapioka mit Gurke und Avocado (Christian Rescher) | 45 |
| Koreanische Somennudeln mit Eierschwammerln (Sohyi Kim) | 48 |
| Kimchi (Sohyi Kim) | 50 |
| Dinkelvollkornlaibchen (Christian Ofner) | 53 |

# Sommer

| | |
|---|---|
| Rosa Kalbfleisch mit Tortellini, Schmortomaten und brauner Butter (Thomas Huber) | 58 |
| Topfensoufflé (Thomas Huber) | 60 |
| Limetten-Himbeer-Tarte (Christian Göttfried) | 65 |
| Melanzani-Tarte mit Rispenparadeisern und Honig auf Wildkerbelrahm (Toni Mörwald) | 68 |
| Karfiol in Ringelblumen auf Grillpaprikacreme mit gerösteten Haselnüssen und Schnittlauch (Toni Mörwald) | 70 |
| Pfirsich-Streusel-Tarte (Hannes Müller) | 73 |
| Kärntner Ritschert (Robert Kogler) | 76 |
| Apfelstrudel (Robert Kogler) | 78 |
| Himbeerkardinalschnitte nach Tante Herta (Richard Rauch) | 84 |
| Schokolade-Käferbohnen-Mousse mit Äpfeln und Rumrosinen (Richard Rauch) | 86 |
| Rehydrierte Tomatenraritäten mit lauwarmem Schafskäse und Frühlingskräutern (Philipp Stohner) | 90 |
| Pulled Zicklein mit BBQ-Sauce und cremigem Krautsalat (Philipp Stohner) | 92 |
| Briam (griechisches Gemüseragout) (Thomas Stipsits) | 95 |
| Pimientos de Padrón mit Schafskäse (Wolfgang Ensbacher) | 98 |
| Gemüse-Fisch-Bowl (Wolfgang Ensbacher) | 100 |
| Ochsenherzparadeiser-Carpaccio (Dietmar Silly) | 108 |
| Weingartenhendl mit Ofengemüse und Salat (Dietmar Silly) | 110 |
| Saibling-Ceviche mit Holunder und Gurke (Jonathan Burger) | 114 |
| Gebackene Melanzani mit selbstgemachtem Ajvar und Gartenkräutern (Jonathan Burger) | 116 |
| Eierteigtaschen mit Erbsenfüllung und Zitronenemulsion (Luca Marchini) | 119 |

# Herbst

| | |
|---|---|
| Marinierter Saibling mit Senfkaviar (Gottfried Koller) | 124 |
| Rehragout mit gebackenen Semmelknödeln und Rotkraut (Gottfried Koller) | 126 |
| Windauer Bergheusuppe (Michael Grafl) | 132 |
| Geschmortes Lammstelzerl mit gratinierter Zucchini-Kartoffel (Michael Grafl) | 134 |
| Geschmorte Putenbrust mit Hokkaido-Kürbis (Rudi Obauer) | 138 |
| Walnusstorte mit Likörglasur (Rudi Obauer) | 140 |
| Rindscarpaccio mit Honig-Paradeiser-Sauce, Ofenparadeisern und Parmesanchips (Hubert Wallner) | 144 |
| Topfenknödel auf Beerenröster (Hubert Wallner) | 146 |
| Crème brulée mit Steinpilzen (Christoph Held) | 150 |
| Rote-Rüben-Naan-Brot mit Goiserer Schafsricotta, Thymian und Orange (Christoph Held) | 152 |
| Gebackenes Forellenfilet auf Gemüse-Mayonnaise-Salat (Lydia Maderthaner) | 156 |
| Kernölgugelhupf (Lydia Maderthaner) | 158 |

# Winter

| | |
|---|---|
| **Saibling in Saor** (Andreas Döllerer) | 164 |
| **Blunzn Döllerer mit karamellisiertem Paprikakraut** (Andreas Döllerer) | 166 |
| **Alpenrisotto** (Thomas Ensinger) | 169 |
| **Brotsuppe mit Essiggurkerln, Speck, Senf, Miso und Hanföl** (Lukas Nagl) | 172 |
| **Zelten mit Crème fraîche, Selchfisch, Salzzitrone und Rucola** (Lukas Nagl) | 174 |
| **Minestrone mit Rucolapesto** (Karin Kaufmann) | 178 |
| **Gefüllter Nusszopf** (Karin Kaufmann) | 180 |
| **Gefüllte Pasta mit flüssigem Dotter, Spinat und Specksauce** (Tamara Lerchner) | 184 |
| **Hirschrücken im Wildkräutermantel** (Tamara Lerchner) | 186 |
| **Bosnische Sarma** (Max Stiegl) | 190 |
| **Burgenländische Kipferl** (Max Stiegl) | 192 |
| **Buchweizentorte** (Bernd Matschnig) | 195 |
| **Salzburger Nockerl** (Michaela Kirchgasser) | 197 |
| **Gefüllte Feige im Speckmantel auf Wintersalaten, Rote-Rüben-Orangen-Dressing und Brotchips** (Markus Fuchs) | 200 |
| **Lebkuchen-Panna-Cotta mit Ingwerweichseln und Zimt-Christbaum** (Markus Fuchs) | 202 |
| **Fleischkrapfen mit Kraut** (Bernhard Quehenberger) | 205 |
| **Holzknechtnocken** (Goiserer Goldhaubenfrauen) | 209 |
| **Zillertaler Graukassuppe** (Helmut Kröll) | 212 |
| **Tiroler Leber** (Helmut Kröll) | 214 |
| **Krenschaumsuppe mit Roten Rüben** (Martina Krenn) | 218 |
| **Krenfleisch vom Waldviertler Weiderind mit Erdäpfelknödeln** (Martina Krenn) | 220 |
| **Überbackener Alpensaibling mit Störkaviar** (Sigi Ratgeb) | 224 |
| **Tomahawk-Steak mit Erdäpfelnidei und Wintergemüse** (Sigi Ratgeb) | 226 |

# Frühling

Im Mai habe ich Geburtstag. Darum nennt man mich ein Frühlingskind. An meinem Ehrentag gibt es immer einen Strauß herrlich duftender Maiglöckchen und eine Nusstorte – letztere nach einem Rezept meiner Tante Godi. Als Kinder knackten wir die Nüsse dafür sogar selbst. Unsere Tante mahlte sie dann händisch in einer großen Mühle am Küchentisch.

Ich mag den Frühling, weil er die Vöglein wieder ins Land bringt, um mich morgens mit ihrem Gezwitscher zu wecken. In meinem Garten lebt schon seit längerem ein Amselpaar. Ich bilde mir ein, dass jedes Jahr das gleiche Paar zu mir kommt. Das Männchen sitzt immer ganz rechts und das Weibchen ganz links am Zaun. Im abwechselnden Tiefflug erhaschen sie Käfer und Fliegen, mit denen sie ihre Jungen versorgen.

Traditionell ist im Frühling auch ein langer Spaziergang mit meinen Freunden.

Zwischen blühenden Bäumen mit Blick auf die erwachende Natur zu wandern, ist einfach herrlich.

Natürlich sammle ich auch Bärlauch, sobald es an der Zeit ist. Am besten verarbeitet man ihn frisch zu Suppe oder grob geschnitten in einem Salat. Ich bin dazu übergegangen, ihn auch zu konservieren. Mit Pinienkernen, Olivenöl und geriebenem Parmigiano Reggiano. Als köstliches Pesto zusammen mit Gnocchi und kleinen Tomaten erfreut er mich dann auch im Sommer. Dazu gibt es ein Glas Weißwein.

*Ein Hoch auf den Frühling!*

Cooking Catrin ist eine der bekanntesten österreichischen Bloggerinnen. Mit ihrer Leidenschaft für frische Küche und Dekorationen hat sie sich in den sozialen Medien einen Namen gemacht und ist ein gern gesehener Gast bei den internationalen Foodies. Ich lernte die gebürtige Salzburgerin in ihrer Wahlheimat Kärnten als herzliche Businessfrau kennen, die mit Leichtigkeit Gerichte aus dem Ärmel schüttelt und uns alle sofort mit ihrem strahlenden Lachen verzaubert hat.

# Cooking Catrin

Sie liebt das gewisse Etwas beim Anrichten ihrer Kreationen – mithilfe zahlreicher „Zutaten" und voilà ... fertig ist das perfekte Foto inklusive Gericht.

# Kürbis-Gnocchi

## mit Schmelztomaten, Ziegenfrischkäse und Rucola

**Gnocchi**
500 g Hokkaido-Kürbis | 200 g Mehl | 4 EL Grieß
2 Dotter | 100 g Parmesan, gerieben
1 Prise Muskatnuss | Salz, Pfeffer
Mehl und Grieß zum Arbeiten

**Garnitur**
Cocktailtomaten | 2 EL Olivenöl | 60 g Butter | Salz, Pfeffer
200 g Ziegenfrischkäse | Rucola | Basilikumblätter

**Zubereitung:**
- Backrohr auf 200 °C vorheizen. Kürbis schälen, entkernen, in Stücke schneiden und auf einem mit Backpapier belegten Backblech bei Umluft 35–40 Minuten backen.
- Danach den Kürbis fein pürieren und mit Mehl, Grieß, Dotter, Parmesan und den Gewürzen zu einem glatten Teig verkneten. Auf einer reichlich mit Mehl und Grieß bestreuten Arbeitsfläche aus dem Teig Rollen formen, kleine Stückchen abtrennen und diese mit einer Gabel leicht flach drücken oder über ein Gnocchi-Brett rollen.
- Für die Schmelztomaten Olivenöl und Butter erhitzen. Tomaten halbieren und darin etwas schmelzen lassen. Mit Salz und Pfeffer würzen und warm halten.
- Gnocchi in reichlich kochendem Salzwasser bei reduzierter Hitze einige Minuten köcheln lassen, bis sie an der Oberfläche schwimmen. Anschließend abseihen.
- Gnocchi auf Tellern verteilen. Schmelztomaten darüber verteilen. Mit gezupftem Ziegenfrischkäse, Rucola und Basilikum garnieren.

# Moderner Reindling

**Hefeteig**
2 Pkg. Trockenhefe | 230 ml Milch | 200 g Apfelmus
750 g Mehl | 3 Dotter | 2 EL brauner Zucker
Butter und Staubzucker für die Form

**Mohnfüllung**
500 g Mohn | 150 ml Milch | 3 EL Zucker
Zimt | Rum | Zitronenzesten

**Zubereitung:**
- Für den Hefeteig die Milch lauwarm erwärmen. Milch, Hefe, Apfelmus, Mehl, Dotter und Zucker zu einem Germteig verkneten. Abgedeckt an einem warmen Ort ca. 1 Stunde aufgehen lassen. Tipp: Als Hefeteigsauna gilt das Backrohr bei 40 °C Umluft.
- Für die Mohnfüllung alle Zutaten miteinander glatt rühren.
- Backrohr auf 175 °C vorheizen. Die Reindlingform befetten und mit Zucker stauben.
- Den Hefeteig erneut kräftig durchkneten und 1 cm dick zu einem Rechteck ausrollen. Mit der Mohnfüllung gleichmäßig bestreichen und den Teig der Länge nach einrollen. Diese Rolle der Länge nach mittig durchschneiden und dabei an jedem Ende ca. 5 cm aussparen.
- Nun die getrennten Teile gegengleich eindrehen. Zopf in die vorbereitete Form legen und 30–35 Minuten bei Heißluft backen.

# Dani Sternad

Die Messnerei am Sternberg in Kärnten ist ein kulinarisches Kleinod an einem uralten Kraftort. Während der Römerzeit befand sich hier ein heidnischer Tempel.
Mastermind der Messnerei ist Dani Sternad. Ihre Leidenschaft gilt bodenständigen und regionalen Produkten – seit heuer erstmals auch vom eigenen Sternbergacker. Mit Dani kann man unendlich viel lachen und stundenlang über Kräuter philosophieren.

# Kräuterpalatschinken

**Palatschinken**
200 ml Milch | 2 EL braune Butter | 4 Eier | 1 Schuss Mineralwasser | 120 g Dinkelmehl | 1 Prise Salz | Kräuterpesto (oder je 1/2 Bund Petersilie, Basilikum, Zitronenmelisse) | etwas Butter zum Braten | 1 Zwiebel | ca. 400 g Gemüse (z. B. Mairüben, Chioggia-Rüben, Karotten, Gemüsemalve, Federkohl) | etwas Olivenöl | 1 Schuss Weißwein | Salz, Pfeffer | 4 Rattenschwanzrettiche (oder Radieschen) | Blüten (z. B. von Leimkraut, Borretsch) | Schnittlauch, fein geschnitten

**Caprese**
Tomaten | schnittfester Ziegenfrischkäse | 60 ml Sonnenblumenöl | 60 ml Wasser | 30 ml Apfelessig | 2 TL Apfelsaft oder Honig | 2 TL körniger Senf | Salz, Pfeffer

**Zubereitung:**
- Milch mit Butter verrühren. Eier nach und nach in die Milch-Butter-Mischung rühren. Mineralwasser und Dinkelmehl hinzufügen und glatt rühren. Salz und Pesto nach Belieben hinzufügen oder die gewaschenen, fein gehackten Kräuter unter den Teig ziehen und mit dem Stabmixer mixen.
- Etwas Butter erhitzen und den Teig portionsweise eingießen. Palatschinken beidseitig backen.
- Zwiebel und Gemüse putzen und klein schneiden. Zwiebel in Olivenöl anschwitzen, Gemüse dazugeben. Gut anbraten und mit Weißwein ablöschen. Mit Salz und Pfeffer abschmecken.
- Für den Caprese Tomaten und Ziegenkäse in dünne Scheiben schneiden, abwechselnd auflegen. Die übrigen Zutaten zu einem Dressing glatt rühren und den Caprese damit übergießen.
- Palatschinken mit dem Gemüse füllen und mit Rettich, Blüten und Schnittlauch garnieren.

# Franz Lauritsch

Franz Lauritsch bewirtschaftet ca. 45 Hektar landwirtschaftliche Nutzfläche in Kärnten. Das auf den Wiesen und Feldern gewonnene Futter wird an die Tiere am Hof verfüttert, die sogar mir ihre liebevolle Geduld schenken. Das zweite Standbein der Familie Lauritsch ist neben der **Landwirtschaft** die Direktvermarktung von „flüssigem Obst". Franz Lauritsch ist ein großartiger regionaler Produzent und bestimmt eines DER Aushängeschilder der Region rund um den Wörthersee, wenn es um Landwirtschaft, Verarbeitung und Marketing der erwirtschafteten Produkte geht.

# Tommy Hlatky

Tommy Hlatky ist Kärntner Jungunternehmer und momentan das Schärfste am Markt, wenn es um trendige Saucen geht. Die **Chilisauce** von Tommy ist vegan sowie frei von künstlichen Konservierungs- und Zusatzstoffen. Der Weinessig konserviert die Sauce und es braucht daher keinen Zuckersatz. An seiner Stelle steht purer Fruchtzucker aus Ananas, Mangos und Orangen. Seine selbstgemachte Chilisauce hat in Amerika bei Hot-Sauce-Wettbewerben gleich zweimal Platz 1 geholt.

Paul Ivić hat das geschafft, was man einen kulinarischen Coup nennt. Er ist der einzige Koch Österreichs, der mit einer rein vegetarischen Küche einen Michelin-Stern erkocht hat. Sein Kochstil hat immer auch etwas Philosophisches und ein Tag mit Paul in der Küche erdet einen ungemein. Er ist ruhig, besonnen und tiefgründig – zudem ein großartiger Gastronom und ein geduldiger Lehrer.

# Paul Ivić

Pauls Kochbasis sind immer biologische, fair erzeugte Produkte.

# Kohlrabisalat

2 Kohlrabi mit Grün | 2 Bund Radieschen mit Grün
Salz, Pfeffer | 7 EL Haselnussöl (oder Leinöl)
2 EL Koriander (mit Stängel, grob gehackt) | 1 EL Zitronensaft
2 EL Haselnüsse | Zesten von 1 Zitrone

**Zubereitung:**

- Kohlrabiblätter abtrennen und junge, feine Blätter für den Salat aufheben. Kohlrabi schälen. Schalen und grobe Blätter in etwas Wasser für einen Gemüsefond aufkochen und ca. 20 Minuten köcheln lassen.
- Radieschenblätter abtrennen und junge, feine Blätter für den Salat aufheben. Radieschen in 6 Spalten oder in Scheiben schneiden.
- Kohlrabi in 5 mm starke Scheiben schneiden, diese in hauchdünne Streifen schneiden und anschließend gut mit Salz und Pfeffer durchkneten. Dann mit den Radieschen mischen.
- Haselnussöl, Koriander, Zitronensaft, einen Schöpflöffel vom Gemüsefond und leicht in der Pfanne angeröstete Haselnüsse beigeben und gut vermengen.
- Junge Kohlrabi- und Radieschenblätter fein schneiden und den Salat damit bestreuen. Mit Zitronenzesten vollenden und servieren.

# Kartoffelpizza

**Teig**
20 g frische Hefe | 220 ml lauwarmes Wasser
1 TL Kristallzucker | 500 g doppelgriffiges Mehl
1 Prise Muskatnuss | 1 Prise Salz

**Belag**
4 Knoblauchzehen | 4 EL Olivenöl
4 festkochende Kartoffeln | 2 Zweige Rosmarin, abgerebelt
1 Schalotte, fein geschnitten | 1 TL Ingwer, fein geschnitten
einige junge Kohlrabiblätter, geschnitten

**Zubereitung:**
- Hefe zum Auflösen in das lauwarme Wasser bröseln und mit etwas Zucker „füttern". Mehl mit Muskatnuss und Salz vermengen, dann mit der aufgelösten Hefe vermischen und alles so lange kneten, bis sich der Teig von der Schüssel löst. Ca. 40 Minuten zugedeckt an einem warmen Ort gehen lassen.
- Anschließend den Hefeteig zusammenschlagen, zu einer Kugel formen und weitere 30 Minuten zugedeckt rasten lassen. Danach den Teig in 4 Teile teilen und diese erneut zu Kugeln formen. Nochmals 10 Minuten gehen lassen.
- Für den Belag Knoblauch schälen und in 3 EL heißem Olivenöl ca. 5 Minuten schmoren.
- Inzwischen Kartoffeln schälen, in sehr dünne Scheiben schneiden oder hobeln, zum Knoblauchöl geben und zusammen mit dem Rosmarin bei sehr geringer Hitze ca. 10 Minuten ziehen lassen.
- Schalotte mit Ingwer im restlichen Olivenöl farblos anschwitzen. Zuletzt die Kohlrabiblätter hinzufügen.
- Backrohr auf mindestens 230 °C vorheizen.
- Die Teigkugeln portionsweise ausrollen und mit Kartoffelscheiben samt Knoblauchöl und dem Schalotten-Kohlrabi-Mix belegen. Die Pizzen bei Umluft ca. 4 Minuten backen.

Max Natmessnig aus Vorarlberg hat kulinarisch alles durchlaufen, was die Gastronomie zu bieten hat. Besonders prägend war für ihn seine Zeit in New York. Den mondänen, internationalen Touch hat er beibehalten, auch wenn sich die Wohnadresse geändert hat. Gott sei Dank hat ihn Österreich wieder! Wir können froh sein, einen solch talentierten Weltklassegastronomen in unserem Land zu haben.

# Max Natmessnig

Max steht für eine puristische Küchenlinie, die er ständig perfektioniert.

# Confierter Saibling
## mit Buttermilch-Schnittlauch-Vinaigrette

**Confierter Saibling**
600 g Saiblingsfilet mit Haut
20 g Kräutersalz | 1 l Sonnenblumenöl
1 Zitrone, in Scheiben geschnitten | 3 Knoblauchzehen | 1 Bund Dill

**Schnittlauchöl**
2 Bund Schnittlauch | 1 Bund Spinat | 100 ml Rapsöl

**Buttermilch-Schnittlauch-Vinaigrette**
250 ml Buttermilch | Saft von 1/2 Zitrone
Salz | Schnittlauchöl (siehe oben)

**Garnitur**
100 g Saiblingskaviar | Schnittlauchblüten | Schnittlauch, fein geschnitten | Saft von 1/2 Zitrone

**Zubereitung:**
- Saiblingsfilet waschen, trocken tupfen und die Gräten entfernen. Danach mit dem Kräutersalz einreiben und ca. 20 Minuten ziehen lassen. Danach wieder abwaschen und trocken tupfen.
- Das Öl auf 60 °C erhitzen. Saiblingsfilet quer in 4 Portionen schneiden. Dann den Fisch mit Zitronenscheiben, Knoblauch und Dill ins Öl legen. Je nach Dicke des Fisches ca. 8–12 Minuten confieren, also bei geringer Temperatur garen. Der Fisch soll eine Kerntemperatur von 50 °C haben. Danach den Fisch herausnehmen und auf einige Lagen Küchenrolle legen. Warm halten.
- Für die Vinaigrette Schnittlauchöl herstellen. Dafür Schnittlauch mit Spinat und Rapsöl glatt pürieren und durch ein Spitzsieb passieren. Ganz wenig davon für das Anrichten beiseitestellen und den Rest mit Zitronensaft und Salz abgeschmeckt in die Buttermilch rühren.
- Die Haut von den Saiblingsfiletstücken ziehen und die Filets in die angerichtete Buttermilch-Schnittlauch-Vinaigrette legen. Je einen Löffel Saiblingskaviar, ein paar Tropfen Schnittlauchöl, Schnittlauchblüten und geschnittenen Schnittlauch daraufsetzen. Zum Schluss mit etwas Zitronensaft verfeinern.

# Rehrücken
## mit Rahmpolenta, grünem Spargel und Fichtenwipferlhonig

ca. 100 g Fichtenwipferl | 300 g Honig
800 g Rehfilet | Salz | 100 g Butter
50 ml Schlagobers | 200 ml Geflügelfond (oder Hühnersuppe) | 100 g Polenta
50 g Parmesan, gerieben | Saft von 1/2 Limette
1 Bund grüner Spargel | etwas Olivenöl | Saft von 1/2 Zitrone

### Zubereitung:
- Für den Wipferlhonig Fichtenwipferl mit Honig leicht erwärmen und die Wipferl zugedeckt darin ziehen lassen – am besten über Nacht.
- Backrohr auf 160 °C vorheizen.
- Silberhaut vom Rehfilet entfernen. Salzen und in 50 g heißer Butter rundherum gut anbraten. Dann ca. 5 Minuten bei Umluft garen und anschließend in Alufolie gewickelt ca. 5 Minuten rasten lassen.
- Parallel für die Rahmpolenta Schlagobers und Geflügelfond zum Kochen bringen. Polenta langsam einrühren und unter ständigem Rühren ca. 8 Minuten köcheln lassen. Mit Salz abschmecken. Zum Schluss Parmesan und 50 g kalte Butterwürfel unterrühren und mit Limettensaft verfeinern.
- Spargel putzen, der Länge nach halbieren und mit der Schnittseite nach unten in heißem Olivenöl anbraten. Leicht salzen und dann mit Zitronensaft abschmecken.
- Polenta anrichten, den gebratenen Spargel darauflegen. Rehrücken mit Fichtenwipferlhonig bestreichen, aufschneiden und das Fleisch neben die Polenta legen. Einige eingelegte Wipferl darüberstreuen.

Lukas Kienbauer dominiert mittlerweile seinen oberösterreichischen Heimatort Schärding mit gleich drei Lokalen. Wie das der noch ausgesprochen junge Gastronom macht? Keine Ahnung. Ich denke, er ist fleißiger, wissbegieriger und detailverliebter als andere. Lukas spielt gerne mit Elementen der japanischen Kultur und bringt sie so seinen Gästen näher. Das beginnt bei der eigens für ihn angefertigten Keramik und endet bei vielen seiner außergewöhnlichen Rezepte.

## *Lukas Kienbauer*

Ich liebe es, von Lukas zu lernen und bin dankbar für jede Unterrichtsstunde, die ich neben ihm in der Küche genießen darf.

# Parmesankroketten
## mit Basilikummayonnaise

**Kroketten**
1 Schalotte | 90 g Butter | 135 g glattes Mehl
450 g Milch | Salz, Pfeffer | etwas Parmesan, gerieben
ca. 2 EL griffiges Mehl, 2 verquirlte Eier und ca. 6 EL Pankobrösel zum Panieren
Öl zum Frittieren

**Mayonnaise**
1 Ei | Salz | 1 Prise Zucker
1 Prise Cayennepfeffer | 1 Spritzer Zitronensaft
150 ml Basilikumöl (135 ml neutrales Pflanzenöl mit 15 g Basilikum, püriert und passiert)

**Garnitur**
Basilikumblätter | Parmesan, gerieben

**Zubereitung:**
- Für die Kroketten Schalotte fein schneiden und in Butter glasig anschwitzen. Mit Mehl stauben, kurz durchrösten und mit der Milch ablöschen. Dick einkochen lassen und mit Salz und Pfeffer würzen. Überkühlen lassen und Parmesan nach Geschmack untermischen. Die Masse zu Kugeln formen und in Mehl, Ei und Pankobröseln panieren. Dann in heißem Öl frittieren und auf einigen Lagen Küchenrolle abtropfen lassen.
- Inzwischen für die Mayonnaise Ei, Salz, Zucker, Cayennepfeffer und Zitronensaft in ein schmales Gefäß geben. Langsam mit dem Stabmixer das Basilikumöl einmixen.
- Zum Anrichten Kroketten auf Tellern verteilen. Dekorativ mit Mayonnaise, Basilikum und frisch geriebenem Parmesan garnieren.

# Grüne Gazpacho

## Gurke | Apfel | Fencheljoghurt

**Gazpacho**
1 mittelgroßer Kopfsalat | 1/2 Gurke | 1/2 Granny Smith | ca. 20 ml Zitronensaft
Salz | 1 Prise Zucker | Cayennepfeffer

**Fencheljoghurt**
200 g griechisches Joghurt | 100 ml Wasser | Salz | Cayennepfeffer
1 Prise Fenchelpollen, gemahlen

**Garnitur**
4 EL Gurkenwürfel | 2 EL Granny-Smith-Würfel | getrocknete Blüten | Fenchelpollen

**Zubereitung:**
- Für die Gazpacho Salat, Gurke und Granny Smith entsaften. Mit den restlichen Zutaten abschmecken.
- Für den Fencheljoghurtschaum Joghurt mit den restlichen Zutaten mischen und in eine Syphonflasche füllen. Eine Patrone eindrehen und gut schütteln.
- Zum Anrichten Gurken- und Apfelwürfel in Gläser geben. Die Gazpacho einfüllen. Vorsichtig den Joghurtschaum daraufspritzen.
- Mit Blüten verzieren und Fenchelpollen darüberstreuen.

Michael Schottenberg ist ein gefragter Schauspieler, energischer Regisseur, umtriebiger Schriftsteller, begnadeter Dancing Star und begeisterter Koch. Mit ihm indisch zu kochen, ist ein absolutes Erlebnis für alle Sinne. Das Multitalent hat Indien häufig bereist und auch ein Buch über seine Reiseabenteuer verfasst. Nach seiner Rückkehr im Frühling kocht Michael immer landestypische Gerichte. Dazu wird getanzt, gesungen und die ein oder andere pikante Geschichte erzählt.

# Michael Schottenberg

Schotti muss man lieben. Daran führt kein Weg vorbei. Für ihn gibt es keine Sekunde Stillstand und seine lustigen Geschichten klingen wie ein perfekter Bollywood-Film mit Happy End mitten in Wien.

# Kichererbsencurry

5 Kartoffeln, geschält und in Würfel geschnitten
3 EL Öl | 2 Zwiebeln, fein geschnitten | 3 Knoblauchzehen, fein gehackt
ca. 3 cm Ingwer, geschält und gehackt | 2 TL Kreuzkümmel, gemahlen
2 TL Koriander, gemahlen | 3 TL Curry | 250 ml Kokosmilch
2 Dosen Kichererbsen | 1 Dose geschälte Tomaten
evtl. Sauerrahm | Koriander (oder Petersilie), gehackt

**Zubereitung:**
- Kartoffelwürfel in kochendem Salzwasser nicht zu weich kochen.
- Öl erhitzen und darin Zwiebeln, Knoblauch und Ingwer anschwitzen. Gewürze einrühren.
- Mit Kokosmilch aufgießen.
- Kichererbsen, Tomaten und Kartoffelwürfel hinzufügen und auf die gewünschte Konsistenz einreduzieren. Evtl. mit Sauerrahm verfeinern.
- Curry anrichten und mit Koriander oder Petersilie garnieren.

# Indisches Huhn
## mit Mandeln

150 g Joghurt | 1/2 TL Maismehl | 4 EL Ghee (oder Butterschmalz)
3 Hühnerbrüste | 2 Zwiebeln, in Scheiben geschnitten | 1 Knoblauchzehe, gepresst
ca. 3 cm Ingwer, geschält und fein gehackt | 1 1/2 EL Garam Masala
1/2 TL Chili | 2 TL rote Currypaste | 200 ml Hühnersuppe
100 g Crème fraîche | 60 g Mandeln, gerieben | 125 g Fisolen, gekocht
2 EL Zitronensaft | Salz, Pfeffer | Koriander (oder Petersilie), gehackt

**Zubereitung:**
- Joghurt mit Maismehl glatt rühren.
- Ghee erhitzen und Hühnerbrüste darin rundherum goldgelb anbraten, herausnehmen und warm stellen.
- Zwiebeln, Knoblauch und Ingwer im Bratensatz anschwitzen. Garam Masala, Chili und Currypaste einrühren. Mit Hühnersuppe aufgießen, angerührtes Joghurt einmixen und alles unter Rühren aufkochen.
- Hühnerbrüste wieder dazugeben und bei geschlossenem Deckel ca. 25 Minuten köcheln lassen.
- Hühnerbrüste anrichten. Die Sauce mit Crème fraîche, Mandeln, Fisolen und Zitronensaft mischen und mit Salz und Pfeffer abschmecken.
- Sauce über die Hühnerbrüste leeren und mit Koriander oder Petersilie garnieren. Dazu passt wunderbar warmes Naan-Brot.

# Christian Rescher

Christian Rescher begann seine Karriere mit einer Kochlehre in Döllerer's Hotel „Goldener Stern" in Golling unter Bernhard Hauser. Heute ist er Executive Chef im Hotel „Aurelio" in Lech am Arlberg. Besonderes Ansehen erlangte er durch seine „Natural Art Cuisine", bei der er moderne Küche mit Regionalität verbindet. Es macht Spaß, mit ihm zu kochen. Christian hat ein sensationelles Fachwissen und als Lehrer Nerven aus Stahl.

# Tapioka mit Gurke und Avocado

**Gurkensud**
500 g Gurken | 3 EL Honig | 12 g Salz | 2 EL Weißweinessig | 2 g Xanthan zum Binden

**Avocadocreme**
1 Avocado | 4 EL Olivenöl | Salz, Pfeffer | Zitronensaft | Cayennepfeffer

**Tapiokaperlen**
100 g Tapiokaperlen | Salz | 2 Kaffirlimettenblätter | Forellenkaviar

**Garnitur**
1 Snackgurke, klein geschnitten | 2 Radieschen, geviertelt | Kräuter und Blüten der Saison

**Zubereitung:**
- Gurken waschen und entsaften. Gurkensaft mit den restlichen Zutaten gut verrühren und abschmecken.
- Avocado schälen, mit einer Gabel zerdrücken und mit den restlichen Zutaten glatt rühren und abschmecken.
- Salzwasser mit Limettenblättern zum Kochen bringen, Tapiokaperlen hinzufügen und unter Rühren ca. 4 1/2 Minuten kochen. Abseihen, mit kaltem Wasser abschrecken und mit dem Gurkensud marinieren. Den Forellenkaviar beigeben und vorsichtig durchmischen.
- Tapiokaperlen mit Forellenkaviar in Schüsseln anrichten, mit Gurkensud beträufeln, Avocadocreme daraufgeben und mit Snackgurke, Radieschen und Kräutern garnieren.

Sohyi Kim ist ein absoluter Wirbelwind in der Küche: eine Maschine, eine Göttin und gleichzeitig ein kleines Mädchen. Mit ihrer außergewöhnlichen Art hat sie sich international einen Namen als gefürchtete TV-Kochshow-Jurorin gemacht. Im Inland gilt sie als eine der besten Köchinnen ihres Faches. Sie ist eine Vollblut-Wienerin mit einer gehörigen Prise Korea in ihrer kulinarischen DNA. Ich bin ein absoluter Fan von ihrer Küche.

# Sohyi Kim

Sohyi Kim ist eine Instanz in der TV-Küche. Sowohl in Österreich als auch in Korea kennt man sie als beliebte Fernsehköchin.

# Koreanische Somennudeln
## mit Eierschwammerln

**Somennudeln**
etwas Sesam | 400 g Somennudeln (dünne Weizennudeln)
2 Zwiebeln, fein geschnitten | Sonnenblumenöl | Sojasauce
2 EL Sushi-Essig | 500 g kleine Eierschwammerl, geputzt
4 EL dunkles Sesamöl | Bibim-Sauce (eine scharfe koreanische Würzsauce, oder Chilipaste)
Kristallzucker

**Garnitur**
Pflücksalate | Sesam

**Zubereitung:**
- Sesam trocken in einer heißen Pfanne leicht anrösten, bis er duftet. Dann herausnehmen und auskühlen lassen.
- Somennudeln in kochendes Wasser geben und ca. 1 Minute al dente kochen. Danach in ein Sieb gießen, mit kaltem Wasser abschrecken und die Stärke gut auswaschen.
- Zwiebeln in heißem Sonnenblumenöl anschwitzen, dann Sojasauce und Sushi-Essig beimengen. Anschließend geputzte Eierschwammerl dazugeben und kurz dünsten.
- Sojasauce, Sesamöl, Sushi-Essig, Bibim-Sauce und etwas Zucker zu den Nudeln geben und gut durchmischen.
- Salatblätter auf den Tellern verteilen und die Nudelmischung in der Mitte platzieren. Darauf die Eierschwammerl geben und mit etwas Sesam garniert servieren.

# Kimchi

5 kg Chinakohl (Selleriekohl) | 500 g Salz

**Kimchi-Sauce (Kimchi-Püree)**
1/2 weißer Rettich, geschält und in Würfel geschnitten
2 Äpfel, entkernt, geschält und in Würfel geschnitten | ca. 70 g Ingwer, geschält und fein geschnitten
10 Knoblauchzehen | 180 g gesalzene Minigarnelen | 100 g Kristallzucker
1 Schale gekochter Reis | 3 EL Fischsauce, verdünnt mit 1/2 l Wasser
160 g Chilipulver (Gochugaru) | 3–4 Frühlingszwiebeln, in Ringe geschnitten
1 Bund Minari (koreanische Petersilie), gehackt

**Zubereitung:**
- Chinakohl längs in Viertel schneiden, aber am Ansatz nicht auseinanderbrechen. Vorsichtig zwischen den Blättern salzen und in einen großen Behälter legen. Mit Wasser auffüllen, bis der ganze Chinakohl bedeckt ist. Einen Tag ruhen lassen.
- Chinakohl danach mindestens zweimal mit Wasser abspülen. Das Salz muss gründlich ausgewaschen werden.
- Für die Kimchi-Sauce Rettich, Äpfel, Ingwer, Knoblauch, Garnelen, Zucker und den gekochten Reis zusammen mit der verdünnten Fischsauce in einem Standmixer fein pürieren.
- Zuletzt das Chilipulver einmixen. Frühlingszwiebeln und Minari beigeben.
- Den gründlich gewaschenen Chinakohl gut mit der Kimchi-Sauce einreiben (auch zwischen den Blättern).
- Danach Kimchi in einen sauberen, luftdichten Behälter einlegen und gut verschließen. Darauf achten, dass das Gemüse mit Flüssigkeit bedeckt ist, um ein Austrocknen und Verderben zu verhindern.
Einen Tag bei Raumtemperatur ruhen lassen, danach im Kühlschrank lagern.
- Nach ca. 4–5 Tagen Gärung ist das Kimchi fertig für den Genuss. Bei herkömmlicher Lagerung im Kühlschrank kann es bis zu 4 Monate aufbewahrt werden.

# Christian Ofner

Der Steirer Christian Ofner ist wahrlich der Backprofi Österreichs. Mit guter Laune und Elan zaubert er aus Wasser, Mehl, Eiern und anderen Zutaten köstliche, backfrische Ware. Bei Christian kann man das Backen von Grund auf lernen: kein Teig, den er nicht bezwingt, kein Gebäck, das ihm nicht gelingt. Hier folgt ein wundervolles Rezept aus seinem Repertoire.

# Dinkelvollkornlaibchen

500 g Dinkelvollkornmehl | 10 g Salz | 10 g Gerstenmalz
10 g Honig | 5 g Brotgewürz (z. B. Mischung aus Kümmel, Fenchel, Koriander)
15 g weiche Butter | 25 g Kürbiskerne | 15 g frische Hefe
330 ml lauwarmes Wasser | Mehl zum Arbeiten | Kürbiskerne zum Wälzen

**Zubereitung:**
- Alle Teigzutaten vermengen und mit einer Knetmaschine zu einem glatten Teig verkneten.
- Danach den Teig auf einer leicht bemehlten Arbeitsfläche mit der Hand fertig kneten und Teigstücke zu je 80 g abwiegen.
- Jedes Dinkelvollkornlaibchen mit Wasser befeuchten und in Kürbiskernen wälzen.
- Backrohr auf 210 °C vorheizen.
- Die Laibchen auf ein mit Backpapier belegtes Backblech setzen und zugedeckt 25–35 Minuten bei Raumtemperatur gehen lassen.
- Im Anschluss mit viel Dampf (am besten einen Topf mit Wasser in den Ofen stellen) bei Umluft goldbraun backen.
- Serviert werden die knusprigen Laibchen am besten lauwarm mit Butter und frischem Schnittlauch.

# Sommer

Der Sommer ist für mich voll reifer Früchte: Himbeeren frisch vom Strauch, süße Erdbeeren direkt vom Feld und reife, dunkle Kirschen ... am besten aus Nachbars Garten.

Das ist Sommer – ebenso wie das Knistern und der rauchige Duft eines Lagerfeuers, Würstel am Grill, Hollersirup mit Mineralwasser und ein erfrischender Sprung in den durch Mondlicht glitzernden See. All das sind Erinnerungen an laue Sommerabende meiner Kindheit.

Eine der schönsten davon ist Folgende: Mein Bruder, unser Papa und ich lagen nachts am Balkon und beobachteten den Sternenhimmel. In dieser Nacht regnete es unendlich viele Sternschnuppen. Im Wohnzimmer lief der Fernseher und wir Kinder turnten zwischen Balkonboden, Liege und Papa fleißig über unsere Bettgehzeit hinweg. Es war wunderschön und bleibt unvergessen.

Die Erinnerungen an diese Sommertage versuche ich mir anhand unterschiedlicher Gerichte zurückzuholen. Dazu gehören natürlich ein feines Schmalzbrot mit Zwiebelringen und als Beilage große, reife Tomaten aus Omas Garten mit Salz und Pfeffer.

Außerdem denke ich an Papas Kartoffelgulasch mit ganz viel Knoblauch, ein knuspriges Semmerl und natürlich selbst-

gemachte Buttermilch. Letztere hat meine Oma in Polen immer zubereitet. In ihrem Sommerhaus, nicht weit von Krakau, gab es eine alte Küche mit einem Kachelofen. Dieser war im Sommer nie in Betrieb und deshalb stellte sie die frische Kuhmilch von den Nachbarn darauf. Aufgeteilt in dicke Keramikbecher in dunklem Braun, bedeckt mit einer Serviette aus Stoff, bildete sich nach ein paar Tagen in jedem Glas eine dicke Rahmschicht. Diese Buttermilch schmeckte herrlich an heißen Sommertagen.

Gleich neben der Küche befand sich der Eingang zu einem kleinen Keller. Dieser war alt und hatte ein schönes Gewölbe. Er war aber auch feucht und kühl und somit der ideale Platz für Babcia, unsere Oma, um ihre bunten Schätze zu horten – Gläser voller Köstlichkeiten wie Stachelbeerkompott, Rote Rüben mit Kren, Salzgurken, Krautsalat, Erdbeeren in Gelee und Rosenmarmelade – was für ein abenteuerlicher Spielplatz für uns Kinder und welch wunderschöne Erinnerung.

Sternschnuppen, Lagerfeuer, Buttermilch und Rosenmarmelade ...

*... das ist mein Sommer.*

Thomas Huber betreibt seit 2016 im oberösterreichischen St. Florian das Restaurant Nepomuk. Wer seine Schwellenangst vor der etwas altmodischen Einrichtung überwunden hat, wird reich belohnt. Thomas zaubert in seiner kleinen Küche wahrlich große Meisterwerke. Ich habe selten so gut gegessen.

# Thomas Huber

Der junge Koch schwingt den Kochlöffel mit so viel Augenzwinkern und Charme, dass man als Gast völlig machtlos ist und am besten einfach nur genießt, was Thomas serviert.

# Rosa Kalbfleisch

## mit Tortellini, Schmortomaten und brauner Butter

**Tortellini**
4–6 EL Ricotta | Salz, Pfeffer
Zitronensaft | Zitronenzesten | Schnittlauch, fein geschnitten
2 Dotter | 4–6 EL Pankobrösel | ca. 300 g Nudelteig
1–2 Dotter zum Bestreichen

**Kalbfleisch**
4 Filetsteaks vom Kalb à 200 g | Salz | Butter
8 Scheiben Speck | 2 Zweige Rosmarin

**Nussbutter, Schmortomaten**
250 g Butter | 2 Zweige Rosmarin | 400 g Kirschtomaten, halbiert | Meersalz
2 TL Kristallzucker | Minze bzw. Melisse

**Zubereitung:**
- Für die Tortellini Ricotta mit Salz, Pfeffer, Zitronensaft und Zitronenzesten würzen. Schnittlauch, Dotter und Pankobrösel einrühren.
- Kreise aus dem Nudelteig ausstechen und mit Dotter bestreichen.
- In die Kreismitte mit einem Löffel etwas Ricottafüllung setzen und jeden Teigkreis zu einem Tortellini formen.
- Backrohr auf 145 °C vorheizen. Steaks salzen. Butter in einer Pfanne zergehen lassen und die Steaks gemeinsam mit Speck und Rosmarin scharf anbraten. Im Anschluss das Fleisch im Backrohr ca. 10 Minuten rasten lassen.
- Butter schmelzen und so lange erhitzen, bis sie nussbraun ist. Dabei entstandenen Schaum abschöpfen. In der Nussbutter Rosmarin und Kirschtomaten anschwitzen. Mit Salz und Zucker würzen.
- Tortellini in Salzwasser ca. 2 Minuten köcheln lassen. Dann abseihen.
- Steaks aufschneiden und mit den Tortellini und Schmortomaten sowie Kräutern anrichten.

# Topfensoufflé

**Soufflé**

250 g Topfen | 3 Eier, getrennt
Salz | 1 EL Kristallzucker | Zitronenzesten | Vanillemark
etwas Butter | etwas Kristallzucker

**Fruchtsalat**

Granatapfelkerne | 1 Feige | 1 kleiner Apfel, geschält, entkernt und in Würfel geschnitten
Ingwer, geschält und gerieben | 1–2 EL Kristallzucker | Zitronenzesten
etwas Apfel- oder Multivitaminsaft | 3–4 EL Apfelmus
1 Prise Rote-Rüben-Pulver | Minze

**Zubereitung:**

- Backrohr auf 175 °C vorheizen. Topfen mit Dotter aufschlagen. Eiklar mit einer Prise Salz und dem Zucker zu Schnee schlagen. Topfen mit Zitronenzesten und Vanillemark verfeinern. Schnee vorsichtig unterziehen. Die Masse in eine befettete und mit Kristallzucker ausgestreute feuerfeste Form füllen. Bei Umluft ca. 15 Minuten backen.
- Granatapfelkerne in eine Schüssel geben. Feige in Stücke schneiden und beigeben. Apfelwürfel und Ingwer einrühren. Zucker karamellisieren. Das Obst und die Zitronenzesten beifügen, mit Fruchtsaft ablöschen. Apfelmus unterrühren und als Geheimzutat das Rote-Rüben-Pulver einrühren. Minzblätter hinzufügen und das Ganze kurz ziehen lassen.
- Zum Anrichten den Fruchtsalat auf Tellern verteilen. Jeweils ein Stück Soufflé aus der Form stechen und darauflegen. Mit Minze garnieren.

In unmittelbarer Nähe der Basilika St. Laurenz im oberösterreichischen Enns befindet sich der Hof der Familie Maleninsky. Hier wird mit ganz viel Liebe **Most** und köstlicher **Obstperlwein** produziert. Am besten besucht man die Maleninskys mit dem Fahrrad bei einer Tour am sogenannten Donauradweg. Kellermeister Robert Maleninsky serviert erfrischenden Mosecco und Gattin Karin bereitet eine kleine Stärkung zu, wie z. B. eine ihrer köstlichen **Marmeladen** auf frischem Weißbrot.

# Familie Maleninsky

Die Maleninskys sind echte Herzensmenschen, bei denen man sich einfach wohlfühlt. Mit ganz viel Hingabe konservieren sie Regionalität in der Flasche und im Glas.

# Christian Göttfried

Er füllt jeden Raum mit seinem Lachen, selbst wenn er noch vor der Tür steht. Der gebürtige Steirer fühlt sich in der oberösterreichischen Landeshauptstadt heimisch und bespielt von hier aus das nationale wie internationale Kulinarikpublikum. Seine Küche ist einfach und gleichzeitig genial, seine Herzlichkeit unumstritten. Wer ihn zum Freund hat, darf sich glücklich schätzen – wer es werden möchte, besucht ihn am besten in seinem Restaurant in der Linzer Altstadt gleich neben seinem Weinlokal.

# Limetten-Himbeer-Tarte

**Mürbteig**
125 g Kristallzucker | 250 g Butter | 500 g Mehl | 1 Dotter | 1 Ei

**Füllung**
75 ml Schlagobers | 250 g Mascarpone | 75 ml Limettensaft | Limettenzesten
75 g Staubzucker | 5 Dotter | 1 EL Maisstärke

**Garnitur**
frische Himbeeren | Limettensaft | Minze

**Zubereitung:**
- Für den Teig alle Zutaten zu einem glatten Teig kneten und ca. 1 Stunde im Kühlschrank rasten lassen. Backrohr auf 190 °C vorheizen. Mürbteig in eine Tarteform (Ø 24 cm) geben und blind backen, also mit Backpapier bedecken und dieses mit trockenen Hülsenfrüchten beschweren. Dann ca. 10 Minuten backen.
- Alle Zutaten für die Füllung glatt rühren. Die Masse auf den vorgebackenen Mürbteigboden leeren. Bei 160 °C Ober- und Unterhitze ca. 25 Minuten backen, bis die Masse stockt.
- Die Tarte überkühlen lassen. Himbeeren in etwas Limettensaft marinieren. Minzblättchen fein schneiden. Himbeeren und Minze dekorativ auf der Tarte verteilen.

Toni Mörwald hält nicht nur in der Küche alle Fäden in der Hand, der gefeierte Gastronom ist auch einer der beliebtesten Fernsehköche des Landes und gleichzeitig ein geschätzter Ratgeber für Unternehmer aller Art. Es ist eine Ehre, von ihm lernen zu dürfen und sein Vertrauen zu genießen. Ich schätze besonders seine ehrliche und fleißige Art ... und dass er wirklich für jeden Schmäh zu haben ist. Er ist Sir und Schelm zugleich.

# Toni Mörwald

Auf Toni kann man sich
einfach verlassen:
kulinarisch wie menschlich.

# Melanzani-Tarte

## mit Rispenparadeisern und Honig auf Wildkerbelrahm

28 Rispenparadeiser (Kirschtomaten) | 2 Melanzani (Auberginen)
Salz, Pfeffer | 2 EL Olivenöl | 1 EL Honig
200 g Bergkäse, gerieben | 250 g Sauerrahm
1 Bund Wildkerbel | frische Kräuter bzw. Blüten

**Zubereitung:**
- Die Haut der Rispenparadeiser leicht einschneiden. Paradeiser 1–2 Minuten in kochendem Wasser ziehen lassen. Anschließend mit kaltem Wasser abschrecken und die Haut abziehen.
- Die Melanzani in Scheiben schneiden und mit Salz, Pfeffer und Olivenöl einreiben. Nun in einer heißen Pfanne beidseitig grillen bzw. leicht schmoren lassen. Anschließend in der noch warmen Pfanne zugedeckt nachziehen lassen.
- Melanzanischeiben auf einem mit Backpapier belegten Backblech verteilen.
- Paradeiser in Honig rösten, salzen und pfeffern, dann auf die Melanzanischeiben setzen und mit geriebenem Bergkäse bestreuen. Im Backrohr bei 230 °C mit Grillfunktion oder Oberhitze überbacken.
- Für die Sauce den Sauerrahm glatt rühren und mit gehacktem Wildkerbel, Salz und Pfeffer abschmecken.
- Jede Melanzani-Tarte mittig auf einen Teller setzen, mit Wildkerbelrahm umkränzen und mit frischen Kräutern bzw. Blüten garnieren.

# Karfiol in Ringelblumen

## auf Grillpaprikacreme

## mit gerösteten Haselnüssen und Schnittlauch

1 Karfiol | 50 g getrocknete Ringelblumen
2 Knoblauchzehen, grob gehackt | 1/2 Zwiebel, grob geschnitten
1/2 Chilischote | 1 EL Honig | 4 EL Olivenöl | Salz, Pfeffer
2 rote Paprika, entkernt und grob geschnitten | 1 Prise Zucker
125 ml Grüner Veltliner | 125 ml Schlagobers | 1 Bund Schnittlauch
50 g geröstete Haselnüsse, gehackt | geräuchertes Currypulver

**Zubereitung:**

- 2 l Wasser aufkochen, den entblätterten und am Strunk kreuzweise eingeschnittenen Karfiol im Ganzen mit den Ringelblumen darin köcheln lassen, bis er im Kern weich ist.
- Für die Grillpaprikacreme Knoblauch, Zwiebel und Chilischote in Honig und 1 EL Olivenöl anbraten. Dann salzen, pfeffern und nach einer Weile Paprika und Zucker beigeben. Mit Weißwein einkochen, bis dieser reduziert ist. Mit Schlagobers aufgießen und dann fein pürieren.
- Auf die Paprikacreme wird der gegarte Karfiol gesetzt und mit 3 EL Olivenöl, frisch geschnittenem Schnittlauch, gerösteten Haselnüssen und geräuchertem Curry vollendet.

# Hannes Müller

Hannes Müller betreibt am wunderschönen Weißensee in Kärnten ein Genießerhotel. Es trägt den Namen „Die Forelle" und führt die Gäste zur selbstverschriebenen Entschleunigung. Der Genussfaktor spiegelt sich auch in seinen Gerichten wider: saisonale Küche, Zutaten aus der Region und trotzdem ständig Neuinterpretationen von Altbekanntem. Hannes ist unfassbar sympathisch und ein richtiger Kumpel hinter dem Herd. Ich kann verstehen, warum sein Haus immer ausgebucht ist.

# Pfirsich-Streusel-Tarte

**Eingelegte Pfirsiche**
1 kg Pfirsiche | 100 g Kristallzucker | 700 ml Wasser

**Tarte**
200 g Butter | 200 g Staubzucker | 350 g Mehl | 1 Prise Backpulver | 1 Ei
750 g Topfen | 250 g Sauerrahm | 150 g Staubzucker | 3 Eier | 40 g Vanillepuddingpulver
250 g Roggenmehl | 125 g weiche Butter | 150 g Staubzucker | Zimt | Staubzucker

**Zubereitung:**
- Pfirsiche halbieren und den Kern entfernen. Ganz kurz in kochendes Wasser geben und in Eiswasser abschrecken. Die Schale von den Pfirsichhälften ziehen. Anschließend die Pfirsichhälften in sterile Einweckgläser geben. Zucker und Wasser aufkochen und darübergießen. Bis zum Rand auffüllen und die Gläser gut verschließen. Im Dampfgarer oder im Wasserbad ca. 15 Minuten kochen. Kühl und dunkel lagern oder gleich für die Tarte verwenden.
- Aus Butter, Staubzucker, Mehl, Backpulver und Ei einen Mürbteig herstellen. Kurz im Kühlschrank rasten lassen und das Backrohr auf 170 °C vorheizen. Den Teig rund ausrollen und so in eine Springform legen, dass ein gleichmäßiger, nicht zu hoher Rand entsteht. Den Teigboden mit der Gabel mehrfach einstechen und ca. 15 Minuten vorbacken.
- Für den Belag Topfen, Sauerrahm, Staubzucker, Eier und Vanillepuddingpulver glatt rühren.
- Für den Streusel Roggenmehl mit Butter, Staubzucker und Zimt vermengen.
- Die eingelegten Pfirsiche gut abgetropft in Spalten schneiden. Diese auf dem vorgebackenen Mürbteig auflegen. Mit der Topfenmasse übergießen und die Streusel darauf bröseln.
- Bei Umluft ca. 50 Minuten backen und überkühlt mit Staubzucker bestreut anrichten.

Ein besonders beliebter Ort am Faaker See in Kärnten ist der Campingplatz Anderwald. Im kühlen Schatten der Bäume kann man ab April sein Zelt aufschlagen und bleiben, bis die ersten Blätter fallen. Kulinarisch hat am Campingplatz Robert Kogler das Sagen. Ein weit gereister Koch, der hier bereits seit Jahren die Sommergäste verwöhnt und für mich direkt am See gekocht hat.

# Robert Kogler

Das Geheimnis seines beliebten Kärntner Traditionsgerichtes Ritschert hat mir Robert verraten: Es ist die Einfachheit, denn alle Zutaten landen letztendlich gemeinsam in einem großen Topf.

# Kärntner Ritschert

250 g Geselchtes (für eine vegane Variante durch Kohlrabi ersetzen)
100 g Zwiebel, in Würfel geschnitten | 2 Knoblauchzehen, fein gehackt
je 100 g Karotten, Gelbe Rüben und Knollensellerie, geschält
100 g Käferbohnen | ca. 1/2 l Wasser zum Kochen des Wurzelgemüses und der Bohnen
1 kleiner Bund Liebstöckel (Stängel zum Mitkochen, fein geschnittene Blätter zum Bestreuen)
200 g Rollgerste (am besten über Nacht in Wasser einweichen, dann abseihen)
Salz, Pfeffer | 1 Jungzwiebel, in Ringe geschnitten zum Bestreuen

### Zubereitung:

- Das Geselchte im Ganzen in einem großen Topf in reichlich kaltem Wasser aufsetzen und mit Zwiebel und Knoblauch weich kochen. Anschließend den Selchsud abseihen und für später aufheben. Das Geselchte abkühlen lassen und danach in mittelgroße Rauten schneiden.
- Karotten, Gelbe Rüben, Sellerie, Käferbohnen und Liebstöckelstängel in einem anderen Topf in Wasser kochen, bis sie auf den Punkt gegart sind. Die dabei entstandene klare Gemüsesuppe abseihen und auffangen. Das Wurzelgemüse abgekühlt in mittelgroße Rauten schneiden. Die Käferbohnen ganz lassen!
- Die Rollgerste in ca. 1/2 l von der klaren Gemüsesuppe und etwas Selchsud weich garen. Zuletzt alle Zutaten (Fleisch- und Gemüsestücke sowie Käferbohnen) beigeben und gute 5 Minuten kochen lassen. Das Ritschert evtl. nochmals mit Salz und Pfeffer abschmecken.
- Das fertige Kärntner Ritschert mit Jungzwiebelringen und Liebstöckel bestreuen.

# Apfelstrudel

**Strudel**
2 Blätter Strudelteig | Mehl zum Arbeiten
zerlassene Butter zum Bestreichen | Staubzucker zum Bestreuen

**Füllung**
150 g Semmelbrösel | Butter zum Rösten
75 g Rosinen | 25 ml Rum | 500 g Äpfel (z. B. Golden Delicious)
Saft von 1 Zitrone | 1 EL Zimt | 80 g Kristallzucker
125 g geröstete Haselnüsse, gerieben

**Zubereitung:**
- Ein Strudelteigblatt auf einem bemehlten Tuch auslegen, dünn mit zerlassener Butter bestreichen, dann das zweite Strudelteigblatt darauflegen.
- Für die Füllung die Brösel in einer Pfanne in etwas Butter goldbraun rösten. Die Rosinen für 10–15 Minuten in Rum einlegen. Die Äpfel schälen, Kerngehäuse entfernen, in Würfel schneiden und mit Zitronensaft beträufeln. Anschließend die Brösel mit Apfelwürfeln, Rumrosinen, Zimt, Zucker und Haselnüssen vermengen.
- Backrohr auf 175 °C vorheizen. Die Apfelfüllung auf dem Strudelteig verteilen, danach das Ganze vorsichtig mithilfe des Tuchs einrollen und die Enden schön andrücken bzw. nach unten einschlagen. Den Strudel mit zerlassener Butter bestreichen und bei Umluft ca. 40 Minuten backen.
- Zum Servieren den Apfelstrudel portionieren und mit Staubzucker bestreuen – am besten mit Schlagobers und Kaffee genießen. Er schmeckt aber auch mit einer Kugel Vanilleeis sehr gut.

Am Kärntner Faaker See liegt die Marktgemeinde Finkenstein, wo sich zwischen romantischen Sommergärten die Finkensteiner Nudelfabrik versteckt. Hier wird **Pasta** gemacht und das schon seit über 130 Jahren. Katharina Gregori führt den Familienbetrieb bereits in fünfter Generation und sie tut das mit großer Passion.

# Finkensteiner Nudelfabrik

Katharina Gregori hat das Genussgen quasi in ihrer DNA und hat mir gezeigt, wie Pasta richtig gemacht wird.

Richard Rauch ist ein ruhiger und besonnener steirischer Koch. Es sei denn, wir bereiten Tante Hertas Kardinalschnitten zu. Da hat auch Richard Muffensausen … und ich sowieso. Was haben wir gezittert, als wir dieses sensationelle Familienrezept in der „Silvia kocht"-Sendung zubereitet haben. Es galt schließlich, die Familienehre zu wahren. Am Ende ist es uns geglückt und dem Richard ist der ein oder andere herzliche Lacher ausgekommen.

# Richard Rauch

Das war eine Sendung, die ich nie vergessen werde, weil sie einfach so schön ehrlich war – voll Herz und Leidenschaft, wie die Rauchs eben sind.

# Himbeerkardinalschnitte
## nach Tante Herta

**Masse 1**
7 Eiklar | 1 Prise Salz | 1/2 TL Vanillezucker | 190 g Kristallzucker

**Masse 2**
2 Eier | 3 Dotter | 60 g Staubzucker | 60 g Mehl
Staubzucker zum Bestreuen

**Füllung**
1/2 l Schlagobers | 1 EL Staubzucker | 1 Pkg. Sahnesteif | frische Himbeeren

**Zubereitung:**
- Eiklar mit Salz und Vanillezucker aufschlagen und dabei nach und nach den Kristallzucker einrieseln lassen, bis die Masse schön steif wird. Diese Masse in einen Spritzbeutel füllen.
- Eier, Dotter und Staubzucker schaumig aufschlagen. Das gesiebte Mehl unter die Masse ziehen und auch diese Masse in einen Spritzbeutel füllen.
- Backrohr auf 165 °C vorheizen. Dann Masse 1 (Schneemasse) in 2 cm breiten Streifen mit einem Abstand von jeweils 2 cm zueinander auf ein mit Backpapier belegtes Backblech dressieren. Danach Masse 2 (Dottermasse) in die Zwischenräume spritzen. Am Ende sollen 10 Streifen in zwei Bahnen auf dem Backblech liegen (für den Deckel 3 x Masse 1 und 2 x Masse 2 auftragen, für den Boden ebenso). Am besten etwas Backpapier zwischen Deckel- und Bodenbahnen legen, um ein Verkleben zu vermeiden. Mit Staubzucker bestreuen und bei Ober- und Unterhitze 35–40 Minuten backen.
- Die fertigen Bahnen aus dem Ofen nehmen und die eine Hälfe als künftigen Boden auf den Rücken legen und beide Bahnen auskühlen lassen.
- Inzwischen für die Füllung Schlagobers mit Staubzucker und Sahnesteif aufschlagen (bei klassischen Kardinalschnitten wird hier noch Löskaffee dazugemixt).
- Den Boden mit Füllung bestreichen, Himbeeren darauflegen, darüber den zweiten Deckel legen und 2–3 Stunden kalt stellen.

# Schokolade-Käferbohnen-Mousse
## mit Äpfeln und Rumrosinen

**Mousse**
1 Ei | 1 Dotter | 1 EL Kristallzucker | 2 Blätter Gelatine
200 g Käferbohnen aus der Dose, püriert | 80 g Schokolade
20 ml Rum | 1 EL Vanillezucker | 250 ml Schlagobers

**Äpfel mit Rumrosinen**
2 Äpfel | Zimt | 1 EL Kristallzucker | 2 EL Rumrosinen

**Garnitur**
Schokoladeraspel | Minze

**Zubereitung:**

- Das Ei und den Dotter mit 2 EL Wasser und Kristallzucker über Wasserdampf schaumig schlagen. Eingeweichte Gelatine ausdrücken, dazugeben und kalt rühren. Die fein pürierten Käferbohnen einrühren. Währenddessen die Schokolade in einem zweiten Topf über dem Wasserbad schmelzen und anschließend mit Rum und Vanillezucker unter die Käferbohnenmasse ziehen.
- Schlagobers cremig aufschlagen. Die Hälfte davon gleich in die Käferbohnenmasse rühren. Restliches Schlagobers vorsichtig unterziehen.
- Äpfel evtl. schälen, dann grob raspeln. Mit den restlichen Zutaten vermengen und abschmecken.
- Äpfel mit Rumrosinen als erste Schicht in Gläser füllen und mit Käferbohnenmousse bedecken. Kalt stellen. Vor dem Servieren mit etwas geraspelter Schokolade bestreuen und mit Minze garnieren.

Philipp Stohner hat mich wirklich vom Hocker gerissen. Der Tiroler Koch hat als Trainer an über 30 Kochwettbewerben teilgenommen, dabei mehrere Staatsmeistertitel, einen Europameistertitel sowie zweimal WM-Silber und zweimal Olympia-Gold geholt. 2018 gab es sogar den Weltmeistertitel beim Culinary World Cup in Luxemburg.

# Philipp Stohner

Trotz seiner zahlreichen Auszeichnungen ist Philipp Stohner bodenständig geblieben. Er teilt sein großes Wissen gerne und wenn er von der Anspannung und dem großen Sieg bei der Weltmeisterschaft spricht, kann man ihm stundenlang zuhören.

# Rehydrierte Tomatenraritäten

## mit lauwarmem Schafskäse und Frühlingskräutern

**Rehydrierte Tomatenraritäten**
800 g gemischte Tomatenraritäten | Olivenöl zum Bestreichen | Salz | Staubzucker
20 ml Balsamicoessig | 50 ml Olivenöl | Majoran | 1 Bund Basilikum | Pfeffer

**Pistou**
1 Bund Kräuter (z. B. Petersilie und Basilikum) | 150 ml Traubenkernöl
1 Knoblauchzehe, fein gehackt | Salz

**Schafskäse**
8 Scheiben Schafskäse | 1 EL Zitronenöl | weißer Pfeffer

**Schüttelbrothippen**
100 g Schüttelbrot | ca. 50 ml Wasser

**Zubereitung:**

- Backrohr auf 70 °C vorheizen. Tomaten waschen und halbieren. Das Kerngehäuse entfernen und separat aufbewahren. Ein Backblech mit Olivenöl bestreichen, die Tomatenhälften mit der Schnittfläche nach oben daraufsetzen und salzen. Ca. 30 Minuten im Backrohr antrocknen lassen. Am besten einen Kochlöffel in die Tür stecken, damit die Feuchtigkeit abziehen kann.
- Etwas Staubzucker karamellisieren und mit Essig ablöschen. Das Innere der Tomaten hinzufügen, erhitzen und mit Olivenöl im Topf mixen. Mit Majoran, Basilikum und Pfeffer abschmecken. Getrocknete Tomaten hinzugeben, nicht mehr kochen lassen. Lauwarm bereithalten.
- Für das Pistou die abgezupften Kräuter mit Traubenkernöl, Knoblauch und etwas Salz mit dem Stabmixer fein pürieren.
- Den Schafskäse auf einem mit Backpapier belegten Backblech ca. 30 Minuten bei 80 °C ins Backrohr geben. Mit Zitronenöl und Pfeffer vollenden.
- Für die Hippen Schüttelbrot klein brechen und mit etwas Wasser zu einer Paste weich kochen. Diese Masse dünn auf eine Form (oder einfach hauchdünn auf ein mit Backpapier belegtes Backblech) streichen und ca. 10 Minuten bei 160 °C backen.
- Tomaten und Schafskäse anrichten und mit dem Pistou verfeinern. Mit Schüttelbrothippen und Basilikumspitzen garnieren.

# Pulled Zicklein
## mit BBQ-Sauce und cremigem Krautsalat

**Pulled Zicklein**
800 g Ziegenschulter oder -keule | 4 Burger-Buns zum Anrichten

**Marinade**
1 EL Paprikapulver | 1 TL Koriander, gemahlen | 1 EL Honig | 1 EL Hoisin-Sauce
1 Schuss Whisky | 1 TL Senf

**BBQ-Sauce**
250 g Tomaten | 2 TL Zucker | 4 EL Ketchup | 1 TL Paprikapulver
1/2 TL Koriander, gemahlen | 1 EL Hoisin-Sauce | 1 Schuss Cola

**Krautsalat**
1/2 Weißkraut | 1 gute Prise Salz | 1 Prise Zucker | 2 EL Mayonnaise | 2 EL Sauerrahm
1 Schuss Apfelessig | 1 Schuss Rapsöl | 1 gute Prise Pfeffer | frisch geriebener Kren

**Zubereitung:**
- Alle Zutaten für die Marinade vermengen und das Fleisch damit einreiben.
- Das marinierte Ziegenfleisch im Backrohr bei 90 °C ca. 12 Stunden (am besten über Nacht) garen.
- Für die BBQ-Sauce die Tomaten waschen, Strunk und grüne Stellen entfernen und halbieren. Zucker karamellisieren, Tomaten und restliche Zutaten hinzugeben, weich kochen und fein mixen. Zum Schluss abschmecken.
- Das Kraut sehr fein schneiden, besser hobeln. Mit Salz und Zucker vermengen, gut durchkneten und in einem Sieb abtropfen lassen. In der Zwischenzeit die übrigen Zutaten vermengen und abschmecken. Nun das Weißkraut gut ausdrücken und dazugeben. Am besten über Nacht durchziehen lassen. Dann nochmals abschmecken.
- Das fertige Fleisch zupfen und mit der BBQ-Sauce marinieren. Die Burger-Buns halbieren und in der Pfanne leicht knusprig rösten. Jeden Bun mit gezupftem Fleisch, Krautsalat und evtl. frischen Salatblättern füllen.

# Thomas Stipsits

Die 2. Staffel von „Silvia kocht" hat zu unserem großen Vergnügen auch den einen oder anderen Promi hinter den Herd gelockt: so zum Beispiel den steirischen, in Wien lebenden Schauspieler und Kabarettisten Thomas Stipsits. Er zählt zu den beliebtesten Künstlern des Landes und seit unserer Sendung weiß ich, dass er zudem auch ein sehr guter Koch ist. Für uns zauberte er etwas aus seiner zweiten Heimat Griechenland, garniert mit herrlichen Anekdoten aus dem Sommerurlaub. Seine gute Stimmung ist einfach mitreißend.

# Briam
## (griechisches Gemüseragout)

2 EL Olivenöl | 2 Zwiebeln, in Würfel geschnitten
250 ml Rotwein | 2 TL Tomatenmark | 1/2 l Gemüsesuppe
3 festkochende Kartoffeln, geschält und in Scheiben geschnitten | 500 g passierte Tomaten
2 Knoblauchzehen, gehackt | 2 Zimtstangen | 1 TL Muskatnuss
1 grüner Paprika, entkernt und in große Würfel geschnitten | 1 Zucchini, in Würfel geschnitten
1 Melanzani (Aubergine), in Würfel geschnitten | 2 Tomaten, in Würfel geschnitten
10 Fisolen, halbiert | 1–2 EL Kristallzucker | Salz, Pfeffer | Petersilie | Minze

**Zubereitung:**
- Olivenöl erhitzen. Zwiebeln darin glasig anschwitzen, Rotwein und Tomatenmark hinzufügen, kurz einkochen lassen und dann mit Gemüsesuppe aufgießen.
- Kartoffelscheiben hineingeben und alles gemeinsam aufkochen lassen.
- Anschließend passierte Tomaten, Knoblauch, Zimtstangen und Muskatnuss einrühren und zugedeckt köcheln lassen. Nach 5–7 Minuten das restliche Gemüse samt dem Zucker beigeben.
- 10–15 Minuten köcheln lassen und zuletzt mit Salz und Pfeffer abschmecken.
- Briam in tiefen Tellern anrichten und mit Kräutern garnieren.

Die Mole West am burgenländischen Neusiedlersee ist ein beliebter Hotspot, um sich für den einen oder anderen Sundowner am Steg zu verabreden. Es war bestimmt einer meiner schönsten Drehs hier im Burgenland. Küchenchef Wolfgang Ensbacher servierte uns fangfrischen Fisch und Pimientos de Padrón – eine köstliche Kombination. Letztere sind ohne Fisch ein wunderbares vegetarisches Gericht.

# Wolfgang Ensbacher

Es ist herrlich, den Sonnenuntergang über dem stillen Wasser zu beobachten und gleichzeitig das Klappern von Tellern und Essbesteck zu vernehmen – dazu ein Gläschen Aperol und die süße Leichtigkeit des Seins.

# Pimientos de Padrón
## mit Schafskäse

200 g Rispentomaten | Olivenöl | Salz
500 g Pimientos de Padrón (grüne Grillpaprika) | 2 Knoblauchzehen
4 Zweige Rosmarin | Fleur de Sel | Pfeffer
100 g Schafshartkäse | Baguette

**Zubereitung:**
- Backrohr auf 180 °C vorheizen.
- Rispentomaten mit Olivenöl bestreichen, salzen und auf ein mit Backpapier belegtes Backblech legen. Bei Umluft ca. 12 Minuten backen. Dann bei 80 °C warm stellen.
- Inzwischen Paprika waschen und trocknen. Olivenöl erhitzen. Knoblauchzehen andrücken und anschließend Paprika und Knoblauchzehen von allen Seiten bei starker Hitze kurz anbraten, bis die Paprika weich sind und ihre Haut Blasen wirft.
- Nun mit Rosmarin, Salz und Pfeffer würzen und auf vorgewärmten Tellern anrichten.
- Schafskäse in kleine Stücke brechen oder hobeln und auf die gegrillten Paprika geben. Mit den Rispentomaten und frischem Baguette servieren.

# Gemüse-Fisch-Bowl

**Bowl**
500 g Welsfilet | etwas Olivenöl zum Marinieren | 1 Knoblauchzehe, fein gehackt
Saft von 1/2 Zitrone | Salz, Pfeffer | 200 g (Sushi-)Reis | 150 g getrocknete Linsen
1 Lorbeerblatt | 100 g Babyspinat | 1 grüner Paprika, entkernt, gegrillt und geschält
100 g Karfiol (kleine Röschen) | 100 g Brokkoli (kleine Röschen) | 400 g grüner Spargel
200 g Honigmelone, entkernt und geschält | Saft von 1/2 Limette | 1 TL Honig
100 g Sprossenmix | 4 EL Kürbiskerne | Basilikum | Minze

**Dressing**
200 ml Schafsjoghurt | 4 EL Olivenöl | 2 EL Kernöl | Saft von 1/2 Zitrone
1 Knoblauchzehe, fein gehackt | Salz, Pfeffer

**Zubereitung:**
- Für das Dressing Schafsjoghurt, Olivenöl, Kernöl, Zitronensaft und Knoblauch verrühren und mit Salz und Pfeffer würzen.
- Welsfilet in 4 Portionen teilen und mit Olivenöl, Knoblauch, Zitronensaft, Salz und Pfeffer marinieren.
- Reis ca. 10 Minuten vordämpfen.
- Linsen mit einem Lorbeerblatt in Salzwasser weich kochen.
- Babyspinat waschen. Grünen Paprika in kleine Würfel schneiden. Anschließend beides mit Olivenöl und Salz marinieren.
- In einen Bambusdämpfer (Ø 25 cm und 2 Etagen) oder in einen Dampfgarer zuerst die Karfiol- und Brokkoliröschen geben (sie brauchen am längsten). Nach 4 Minuten Fisch, Reis, Spargel und Linsen dazugeben und weitere 8 Minuten dämpfen.
- Inzwischen die Honigmelone in Spalten schneiden und kurz in heißem Olivenöl beidseitig anbraten, dann mit Limettensaft und Honig bestreichen.
- Wels, Reis, Linsen und gedämpftes Gemüse sofort in einer Schüssel gruppieren. Mit den kalten Beigaben (Babyspinat, Paprikawürfeln, Sprossenmix, Kürbiskernen und frischen Kräutern) ergänzen.
- Gegrillte Melone auf die Bowl setzen und mit Dressing servieren.

# Bioschafzucht Hautzinger

Eine wunderschöne Station auf unserer kulinarischen Reise durch Österreich war die Bioschafzucht Hautzinger im burgenländischen Tadten. Über einen malerischen Gartenweg gelangt man ins Innere des Familienbetriebes, wo sich Tiere aller Arten tummeln. In diesem wahren Kleinod produziert Schafzüchter Wolfgang Hautzinger köstlichen **Käse** und stellte mich seinen 270 Arbeitskolleginnen und -kollegen in weißer Wolle vor.

# Familie Unger

Roswitha und Richard Unger sind seit 34 Jahren verheiratet. Beide sind erfahrene burgenländische Gemüsebauern, die regionales **Gemüse** in bester Qualität kultivieren, wie z. B. Paprika in allen Varianten. Neu in ihrem Gemüserepertoire ist der sogenannte Pimiento de Padrón – hierzulande bekannt als Grillpaprika. Diesen durfte ich mit ihnen ernten und auch frisch von der Staude verkosten.

# Emmerich & Hannes Varga

Bei unserem Dreh am Neusiedlersee warteten mitten am See Emmerich und Hannes Varga auf mich. Emmerich ist seit über 40 Jahren **Fischer.** Und sein Sohn Hannes sorgt dafür, dass die Tradition des Fischens in vierter Generation weitergeführt wird. Für mich hatten sie vom Tagesfang ein echtes Prachtstück aufgehoben — einen Wels. Und weil es im Burgenland wirklich immer Gelegenheit gibt, guten Wein zu trinken, stießen wir gleich mit einem Schlückchen von Boot zu Boot an. Ein wunderbarer Tag!

# Paul & Kevin Graf

Gemüsebauer Paul Graf aus Halbturn im burgenländischen Seewinkel bringt mit seinen 30 Jahren Erfahrung viel Wissen aufs Feld. Den Familienbetrieb mit **Wein- und Ackerland** führt mittlerweile sein Schwiegersohn Kevin Graf. Das Gemüse wird ausschließlich im Freiland, in naturnaher Anbauweise und mit maximaler Ressourcenschonung kultiviert. Um die Blätter des Kohlgemüses nicht zu beschädigen, wird von Mitte April bis Mitte September per Hand geerntet und noch am selben Tag ausgeliefert.

In Oberhaag verwöhnt Dietmar Silly seine Gäste mit frischen Zutaten und heimeligem Ambiente. Er bietet mit seinen Design-Ferienhäusern PURESLeben in der Südoststeiermark Unterkünfte, die einen erden. Gerne kocht Dietmar für seine Gäste auch selbst auf – am alten Herd mit knisterndem Feuer. Außerdem versüßt er ihnen das Leben mit seinem köstlichen, selbstgemachten Apfelsaft.

# Dietmar Silly

Bei Dietmars PURESLeben traf ich Nici Schmidhofer. Die Skirennläuferin aus der Steiermark, ist eine wahre Inspiration – als Mensch und als Sportlerin. Ich kenne keine Persönlichkeit mit größerer Willenskraft als diese Frau. Man kann sie nur bewundern.

# Ochsenherzparadeiser-Carpaccio

**Carpaccio**
1 Ochsenherzparadeiser (sehr große Fleischtomate)
1/2 grüner Paprika, entkernt und in Würfel geschnitten
Basilikumblätter | Ziegen- oder Schafskäse, gerieben

**Marinade**
1 1/2 EL Kernöl | 2 EL Apfelessig | 1 EL scharfer Senf
1 Knoblauchzehe, fein gehackt | Salz, Pfeffer

**Zubereitung:**
- Ochsenherzparadeiser in dünne Scheiben schneiden. Die Scheiben großflächig und etwas überlappend anrichten.
- Aus Kernöl, Apfelessig, Senf und Knoblauch eine Marinade rühren. Mit Salz und Pfeffer abschmecken.
- Paradeiser-Carpaccio mit Paprikawürfeln und Basilikum garnieren. Mit Marinade beträufeln und mit Käse bestreuen.

# Weingartenhendl
## mit Ofengemüse und Salat

**Weingartenhendl**
1 Huhn | 1 TL Kümmel, gemahlen | 1 EL edelsüßes Paprikapulver
Salz, Pfeffer | 1 Lorbeerblatt | 2 EL Schweineschmalz
200 g Ofengemüse nach Wahl | Rosmarin, gerebelt | Meersalz

**Salat**
2 Tomaten | 1 Häuptelsalat | rote Senfsprossen | Erbsensprossen | 30 ml Kernöl
100 ml Apfelessig | Salz | Schnittlauch, geschnitten

**Zubereitung:**
- Huhn waschen und trockentupfen. Kümmel, Paprikapulver, Salz und Pfeffer mischen und das Huhn innen und außen damit einreiben. Lorbeerblatt in den Bauchraum des Huhnes geben.
- Backrohr auf 180 °C vorheizen.
- In eine feuerfeste Form Schweineschmalz geben und im Backrohr erhitzen. Huhn mit der Brustseite nach unten hineinlegen und ca. 20 Minuten braten. Wenden und ca. 1 Stunde fertig braten. Währenddessen häufig mit Bratensatz übergießen.
- Ofengemüse putzen und in grobe Stücke schneiden, mit Rosmarin würzen und ca. 35 Minuten vor Garzeitende zum Huhn geben. Vor dem Servieren mit Meersalz würzen.
- Für den Salat die Tomaten vom Stielansatz befreien und in Spalten oder Scheiben schneiden. Häuptelsalat putzen, waschen und trocken schleudern – evtl. in mundgerechte Stücke reißen. Tomaten und Salat mischen und mit den Sprossen garnieren. Marinade aus Kernöl, Apfelessig und Salz rühren und darübergießen. Mit Schnittlauch bestreuen.

Im Gasthof Hirschen im Bregenzerwald in Vorarlberg hat Jonathan Burger das kulinarische Sagen. 1755 wurde das Haus erbaut und kombiniert heute in seinem Inneren Alt und Neu. Hier herrscht eine unfassbare Wohlfühlatmosphäre. Die Uhren ticken etwas langsamer, wenn man entspannt in der Bücherei Platz nimmt und sich von Jonathan bekochen lässt.

# Jonathan Burger

Nach Stationen in St. Anton und Neuseeland zog es Jonathan Burger wieder in die Heimat. Gut so ... das Ländle ist der perfekte Boden für Vorarlbergs Kochelite.

# Saibling-Ceviche
## mit Holunder und Gurke

**Ceviche**
4 Saiblingsfilets ohne Haut, entgrätet | 1 Gurke
Kräuter nach Wahl, grob gehackt oder gezupft | Saiblingskaviar

**Dressing**
300 ml Holunderessig (oder Zitronensaft)
10 g Salz | 1 Prise Zucker | Pfeffer
30 g Pfefferoni | 1 Schuss Olivenöl

**Zubereitung:**
- Für das Dressing Holunderessig mit Salz, Zucker und Pfeffer würzen. Die Pfefferoni in Streifen schneiden und mit etwas Olivenöl beimengen.
- Nun die Gurke in dünne Streifen hobeln und die Saiblingsfilets fein schneiden.
- Saibling auf tiefen Tellern anrichten. Die Gurkenstreifen auf dem Fisch platzieren. Das gemixte Dressing darüber verteilen. Kräuter und Saiblingskaviar als Garnitur verwenden.

# Gebackene Melanzani

## mit selbstgemachtem Ajvar und Gartenkräutern

**Ajvar**
1 Melanzani (Aubergine) | je 1 roter und gelber Paprika | 2 Knoblauchzehen
1 weiße Zwiebel | Chili | Salz, Pfeffer | 50 ml Olivenöl | Zitronensaft

**Gebackene Melanzani**
2 Melanzani (Auberginen) | etwas Kartoffelstärke | Öl zum Frittieren | 50 ml Gerstenmiso
Chili | Pfeffer | Gartenkräuter nach Belieben, gehackt | 200 g Bergkäse

**Zubereitung:**
- Backrohr auf 200 °C vorheizen.
- Für den Ajvar Melanzani schälen und klein schneiden.
- Entkernte Paprika, Knoblauchzehen und Zwiebel grob schneiden und zusammen mit der Melanzani in eine feuerfeste Form geben.
- Mit etwas Chili, Salz, Pfeffer und Olivenöl marinieren. Das Ganze bei Umluft ungefähr 30 Minuten garen.
- Danach das Gemüse pürieren und mit Zitronensaft, Olivenöl, Salz und Pfeffer abschmecken.
- Nun für die gebackenen Melanzani diese der Länge nach halbieren und mit der Schnittfläche in Kartoffelstärke legen. Dann schwimmend in heißem Öl beidseitig bei etwa 160 °C frittieren.
- Danach die Hälften mit Gerstenmiso bestreichen, Ajvar auf die Teller geben, die Melanzanihälften daraufsetzen und diese auch oben mit Ajvar bestreichen. Nun das Ganze mit etwas Chili, Pfeffer und reichlich Kräutern abdecken. Zum Schluss Bergkäse mit einer feinen Reibe darüber reiben und sofort servieren.

# Luca Marchini

Unser Dreh in Italien bleibt unvergessen. Auf Einladung von Parmigiano Reggiano durften wir bei der Produktion dieses köstlichen Hartkäses zusehen. Die Herzlichkeit der Bauern dort ist unübertroffen – genau wie das Lebensgefühl der Italiener. Starkoch Luca Marchini führte mich in die Kunst des Pastamachens ein. Mit ihm durfte ich den Parmigiano Reggiano direkt in den Teig einarbeiten – ein langwieriger Prozess, der sich aber geschmacklich mehr als bezahlt macht.

# Eierteigtaschen
## mit Erbsenfüllung und Zitronenemulsion

**Eierteigtaschen aus Parmigiano-Reggiano-Blätterteig**
200 g Pastamehl | 2 Eier | 30 g Parmigiano Reggiano, 32 Monate gereift, fein gerieben und gesiebt
1 kleine Schalotte | Olivenöl | 400 g Erbsen | Salz, Pfeffer
50 g Butter | einige Salbeiblätter | etwas Gemüsefond (oder Gemüsesuppe)

**Zitronenemulsion**
50 ml Milch | Zitronensaft | Salz | Sonnenblumenöl
Zitronenzesten | etwas Parmigiano Reggiano, gerieben

**Zubereitung:**
- Für den Nudelblätterteig Mehl und Ei gut miteinander verkneten. Den Teig ruhen lassen.
- Schalotte fein schneiden und in heißem Olivenöl anschwitzen. Erbsen in kochendem Salzwasser blanchieren, mit kaltem Wasser abschrecken und abseihen. Mit Salz und Pfeffer würzen. 100 g Erbsen zum Anrichten aufheben. Die Übrigen mit der Schalotte pürieren.
- Teig dünn ausrollen, Parmesan darüberstreuen, zusammenfalten und wieder ausrollen – 5–6 Mal wiederholen. Teig achteln und jeweils dünn kreisförmig ausrollen. Erbsenfüllung auf 4 Kreise verteilen, Ränder befeuchten und übrige Kreise darauflegen. Ränder festdrücken. Teigtaschen in Salzwasser leicht köcheln lassen, bis sie oben schwimmen und danach abseihen.
- Für die Emulsion Milch durch Zugabe von etwas Zitronensaft, Salz und Sonnenblumenöl stocken lassen und durch Mixen emulgieren. Mit Zitronenzesten und Parmesan abschmecken.
- Teigtaschen in Butter mit Salbei und Gemüsefond anbraten, dann anrichten, die Zitronenemulsion angießen und mit gepalten, blanchierten Erbsen sowie Zitronenzesten garnieren.

# Herbst

Ab September häufen sich in meiner Speisekammer die Früchte aus unserem Garten und überreife Tomaten aus dem Glashaus. Besonders gerne verschlägt es mich auch in den Wald zum Schwammerlsuchen. Das ist meine große Leidenschaft. Wenn ich dann mit einem vollen Korb nach Hause komme, gibt es für mich nichts Schöneres, als meine herbstliche Beute zu putzen und möglichst schnell in Gläsern haltbar zu machen. So bewahre ich mir den Herbst, meine Lieblingsjahreszeit, das ganze Jahr über.

Gerne lade ich zu dieser Arbeit auch Freunde oder meine Familie ein. Jeder bekommt eine andere Aufgabe zugeteilt. Obst und Gemüse schneiden, Gläser sterilisieren, Töpfe mit Wasser und Gewürzen zum Brodeln bringen, um darin den Spätsommer einzukochen.

Versehen werden die fertigen Gläser mit schönen Etiketten und einem Hütchen aus Stoff. Zwetschkenmarmelade, marinierte Pilze, selbst gemachtes Tomatensugo, Salzzitronen, Zwiebelchutney, Zucchini in Öl … Jeder darf etwas

von seiner Tagesarbeit mit nach Hause nehmen. So schafft man ein schönes gemeinsames Erlebnis und tut sich und seiner Speisekammer etwas Gutes für die nächsten Monate.

Jeder Griff nach einem Glas erinnert mich dann an den gemeinsamen Tag. Es folgt ein Schmun-

zeln und herrlicher Genuss aus der Vorratskammer – eine wirklich schöne Tradition, wenn die ersten Blätter fallen und der Sommer seine Strandliege schon weggepackt hat.

*Herbst ist Genuss pur!*

Ein Besuch im Landhaus Koller im oberösterreichischen Gosau am Dachstein lohnt sich immer. Hausherr Gottfried Koller serviert seinen Gästen in seinem wunderschönen Haus köstliches Essen. Hier kann man Urlaub machen, Kulinarik genießen und in einem eigenen Malzimmer sogar seiner Kreativität freien Lauf lassen.

# Gottfried Koller

Gottfried Koller lebt Tradition. Dafür steht das bezaubernde, historische Landhaus Koller mit seiner hervorragenden Küche.

# Marinierter Saibling
## mit Senfkaviar

**Marinierter Saibling**
2 Saiblingsfilets (à ca. 200 g) | 1 EL Salz
1 EL Kristallzucker | 10 Pfefferkörner | 3 Wacholderbeeren
Zesten von je 1/2 Zitrone und Orange | 1 EL Senfkaviar zum Anrichten

**Dressing**
1 EL Dill, gezupft | 1 EL Honig | 1 TL Olivenöl
1 EL Sonnenblumenöl | Saft von 1/2 Zitrone
1 EL Apfelessig | Salz, Pfeffer

**Zubereitung:**
- Saiblingsfilets entgräten und die Haut abziehen. Übrige Zutaten (bis auf den Senfkaviar) mörsern, Fischfilets damit einreiben, in Frischhaltefolie wickeln (oder vakuumieren) und über Nacht im Kühlschrank ziehen lassen.
- Am nächsten Tag die Saiblingsfilets aus der Lake nehmen, kurz abspülen, in Stücke schneiden und anrichten.
- Die Zutaten für das Dressing gut miteinander verrühren. Die Fischfiletstücke damit umgießen und mit Senfkaviar garnieren. Tipp: Dazu passen auch Blätter und Blüten von der Kapuzinerkresse.

# Rehragout

## mit gebackenen Semmelknödeln und Rotkraut

1 Zwiebel | 1 Knoblauchzehe | 1 Karotte | 1 Sellerie | 1 Jungzwiebel | Sonnenblumenöl
1 EL Tomatenmark | 250 ml Rotwein | 125 ml Portwein | 650 g Rehschulter, in Würfel
geschnitten | Lorbeerblätter | Wacholderbeeren | Thymian | Piment | Salz, Pfeffer | Salbei | Minze
Beurre manié (Mehlbutter) zum Binden

### Rotkraut
1/2 Rotkrautkopf, Strunk entfernt und in Streifen geschnitten | 1 EL Essigwasser
1 Zwiebel, in Streifen geschnitten | 1 EL Butter | 3 EL Zucker | 125 ml Rotwein
250 ml Orangensaft | Salz | Kümmel, gemahlen | etwas Zimt und Ingwer
1 EL Preiselbeerkompott | 1/2 Apfel, Kerngehäuse entfernt und fein geschnitten

### Gebackene Knödel
500 g altbackene Weißbrotwürfel | Salz, Pfeffer | Muskatnuss | 1 Zwiebel, fein geschnitten
200 g Butter | 1/2 l Milch | 3 Eier | 1 Bund Petersilie, gehackt | Butter und Mehl für die Form

### Zubereitung:
- Zwiebel, Knoblauch, Karotte, Sellerie und Jungzwiebel waschen, gegebenenfalls schälen, grob schneiden und in heißem Öl anrösten. Tomatenmark hinzufügen, mit Rotwein und Portwein ablöschen und ca. 20 Minuten einreduzieren lassen. Den Fond durch ein Sieb passieren.
- Rehfleisch in heißem Öl anrösten, mit 1/2 l Fond aufgießen, Gewürze und Kräuter hinzufügen und alles ca. 45 Minuten köcheln lassen, bis das Fleisch weich, aber bissfest ist. Die Sauce abschmecken und mit Mehlbutter binden.
- Rotkraut mit heißem Essigwasser übergießen. Zwiebel in Butter anschwitzen, Zucker darin karamellisieren lassen, mit Rotwein und Orangensaft ablöschen. Rotkraut und die übrigen Zutaten beigeben und das Kraut bissfest garen. Abschmecken.
- Backrohr auf 160 °C vorheizen. Weißbrotwürfel mit Salz, Pfeffer und Muskatnuss würzen. Zwiebel in Butter anschwitzen. Milch mit Eiern verquirlen. Alles mischen. Zuletzt Petersilie hinzufügen. Die Masse gut vermengen und ca. 20 Minuten rasten lassen, bis die Milch völlig aufgesaugt ist. Masse in eine befettete und bemehlte Form füllen und ca. 40 Minuten backen.
- Das Rehragout mit dem Rotkraut und den portionierten gebackenen Knödeln anrichten.
Tipp: Als Garnitur eignen sich in etwas heißer Butter angeschwitzte Eierschwammerl.

# Senferei Annamax

Im oberösterreichischen Bad Goisern befindet sich die Senferei Annamax, wo sich **Rainer Baumgartner und seine Frau** ganz dem Senf verschrieben haben. Für den ehemaligen Gastronomen ist Senf eines der wichtigsten Würzmittel der Menschheit. Der Beruf des Senfers klingt übrigens auf Französisch um Vieles eleganter: Moutardier – und für diesen ist das sogenannte Kaltmahlverfahren die beste Ausrede, um überall „seinen Senf dazugeben zu können".

# Hofkäserei Schörgerer

In Oberndorf in Tirol liegt die Hofkäserei Schörgerer. Den Hof selbst gibt es seit über 400 Jahren. **Andreas Lindner** ist seit 19 Jahren Käser und hat mir geduldig erklärt, wie man Sauerrahmbutter aus Rohrahm herstellt – eine Arbeit, die viel Geduld erfordert. Hat man aber einmal den Dreh raus, geht's ganz leicht von der Hand. Die Sauerrahmbutter in der Hofkäserei Schörgerer schmeckt köstlich und wird am besten frisch aus dem Eiskasten serviert.

Das Gasthaus Steinberg von Michael Grafl liegt im Windautal, am Ende des Tiroler Brixentals. Hier wird immer ordentlich aufgekocht. Während Michael in der Küche steht, hört er am liebsten elektronische Musik. Die steht im krassen Gegensatz zur gutbürgerlichen Ruhe und Gemütlichkeit, die sein Restaurant ausstrahlt. Dennoch passt sie gut zu diesem Koch, der mit viel Liebe jeden Teller zu etwas Besonderem macht.

## Michael Grafl

Michael Grafl hört gerne laute Technomusik – eine schräge Dissonanz zum idyllischen Windautal. Das Ergebnis ist eine köstliche Symbiose aus Moderne und gutbürgerlichem Essen.

# Windauer Bergheusuppe

1 Karotte | 1/4 Sellerie | 1 kleiner Lauch
1 Petersilienwurzel | 1 Zwiebel | 2 Pilze (nach Saison)
1/2 l Wasser | 2 Handvoll Bergheu (ungedüngt und möglichst kräuterreich)
getrocknete Kräuter (z. B. Brennnessel, Oregano, Salbei, Lavendel, Bohnenkraut, Majoran)
Salz, Pfeffer | 200 ml Schlagobers | 3 EL kalte Butter, in Würfel geschnitten
bunte getrocknete Blütenblätter zum Garnieren

**Zubereitung:**
- Gemüse und Pilze waschen, evtl. schälen, in Würfel schneiden und in Wasser aufkochen.
- Nach ca. 20 Minuten Heu und Kräuter beigeben und etwa 10 Minuten ziehen lassen.
- Das Ganze durch ein Sieb passieren und dann mit Salz, Pfeffer und Schlagobers verfeinern.
- Die Suppe mit kalten Butterwürfelchen binden und kurz mit dem Stabmixer aufschäumen. Sofort anrichten und mit Blütenblättern garnieren.
- Tipp: Zu dieser herzhaften Suppe passen ausgezeichnet Brotchips, geräucherter Fisch und ein kräftiges, dunkles Bier.

# Geschmortes Lammstelzerl
## mit gratinierter Zucchini-Kartoffel

**Lammstelzerl**
4 Stelzen vom jungen Lamm (je ca. 200 g) | Salz, Pfeffer
Rosmarin, gemahlen | Thymian, gemahlen | Sonnenblumenöl
300 g Gemüse (z. B. Zwiebel, Karotte, Petersilienwurzel, Knollen- und Stangensellerie, geschält und grob geschnitten) | 3 EL Tomatenmark | je 250 ml Madeira, Rotwein und Portwein
250 ml Kalbsfond | 2 Handvoll Bergheu (ungedüngt und möglichst kräuterreich)
2 EL Rosmarinhonig | Salbei, gemahlen

**Gratinierte Zucchini-Kartoffeln**
4 mittelgroße Kartoffeln | Olivenöl | Salz
1 Zucchini | geriebener Bergkäse zum Bestreuen

**Zubereitung:**
- Lammstelzen mit Salz, Pfeffer, Rosmarin und Thymian würzen, in heißem Öl kurz rundherum anbraten, dann herausnehmen und rasten lassen.
- Das Gemüse im Bratsatz kräftig anrösten, Tomatenmark beigeben, mit Madeira, Wein und Portwein ablöschen, mit Fond aufgießen und die Lammstelzen hineinlegen. Im Backrohr bei 180 °C ca. 1 1/2 Stunden garen.
- Parallel dazu Kartoffeln so einschneiden, dass Fächer entstehen. Mit Olivenöl beträufeln, salzen und gegen Ende für ca. 30 Minuten zu den Stelzen ins Backrohr geben.
- Danach die Fleischpfanne aus dem Backrohr nehmen, die Lammstelzen herausheben. Die Lammstelzen mit Heu in Alufolie wickeln und noch ca. 15 Minuten im Backrohr nachziehen lassen. Das Gemüse warm stellen. Die Sauce passieren und in einem Topf bei moderater Hitze mit Rosmarinhonig und Salbei verfeinern.
- Inzwischen Zucchini in Halbmonde schneiden, in die Kartoffelzwischenräume stecken, mit Käse bestreuen und zuletzt im Backrohr bei Oberhitze ca. 8 Minuten gratinieren.
- Die Lammstelzen auf Tellern anrichten, mit Sauce übergießen und das Gemüse sowie die Zucchini-Kartoffeln dazusetzen.

Rudi Obauer ist einer der ganz Großen unseres Landes, nicht nur im kleinen Salzburger Ort Werfen. Neben ihm arbeiten zu dürfen, ist Herausforderung und größte Auszeichnung zugleich. Seine Rezepte sind immer großartig und sein Stil zu unterrichten ist stets einzigartig. Rudi zeigt ganz großes Kino in der Küche. Er ist ein Mentor geworden und mein großes Vorbild hinterm Herd, weil er sich mit anderen freuen kann – über die großen und auch die kleinen Dinge. Das macht ihn wiederum sehr groß!

## Rudi Obauer

Rudi hat das Herz am rechten Fleck und wen er in sein Herz geschlossen hat, der hat dort einen festen Platz – komme, was wolle. Von ihm habe ich eine „Haube" verliehen bekommen – eine große Auszeichnung 🙂.

# Geschmorte Putenbrust
## mit Hokkaido-Kürbis

Erdnussöl | 250 ml Schlagobers | 125 g Joghurt
100 ml Wasser | etwas Kurkuma und Curry | 1 Sternanis
2 Gewürznelken | 1 TL Pfefferkörner | 2 Knoblauchzehen, grob gehackt | Limettenzesten
300 g Hokkaido-Kürbis, entkernt, geschält und in Spalten geschnitten
800 g Putenbrust | Salz | 1 EL Honig | 1 Zweig Thymian | 1 kleiner Bund Minze
4 EL kalte Butter, in Würfel geschnitten zum Binden | Olivenöl zum Beträufeln

**Zubereitung:**
- Backrohr auf 200 °C vorheizen.
- Erdnussöl mit Schlagobers, Joghurt, Wasser, Gewürzen, Knoblauch und Limettenzesten in einem feuerfesten Topf gut verrühren und leicht köcheln lassen.
- Kürbisspalten, Putenbrust, Salz, Honig, Thymianzweig und Minze beigeben und das Ganze bei Umluft ca. 25 Minuten (je nach Fleischdicke) garen.
- Putenbrust und Kürbis aus dem Topf heben. Bratensaft passieren und mit kalten Butterstückchen binden. Putenbrust in Scheiben schneiden und mit dem Kürbis in tiefen Tellern anrichten. Mit Bratensaft umgießen und mit Olivenöl beträufeln.

# Walnusstorte
## mit Likörglasur

**Mürbteig**
100 g griffiges Mehl | 70 g kalte Butter | 30 g Staubzucker | Mehl zum Arbeiten
getrocknete Hülsenfrüchte (z. B. Linsen, Erbsen oder Bohnen) zum Blindbacken

**Nussmasse**
150 g Kristallzucker | 100 g Walnüsse, grob gehackt | 1 EL Butter | 4 Eiklar | Salz
4 Dotter | 60 g Staubzucker | 40 g Vollmilchkuvertüre | 100 g Walnüsse, gerieben

**Likörglasur**
30 g Staubzucker | 2 EL Walnusslikör

**Zubereitung:**
- Mehl auf eine Arbeitsfläche sieben und mit kalter Butter und Staubzucker rasch verkneten. Den Mürbteig in Frischhaltefolie gewickelt ca. 30 Minuten im Kühlschrank ruhen lassen.
- Backrohr auf 200 °C vorheizen. Backpapier in eine Springform (Ø 20 cm) einspannen. Den Teig auf einer bemehlten Arbeitsfläche ca. 2 mm dick ausrollen, eine Teigscheibe mit 20 cm Durchmesser ausstechen, in die Form legen, mit einer Gabel mehrmals einstechen und den gesamten Teigboden mit getrockneten Hülsenfrüchten bedecken. Tortenboden ca. 10 Minuten backen, anschließend herausnehmen und die überkühlten Hülsenfrüchte wieder entfernen.
- Für die Nussmasse 50 g Kristallzucker unter ständigem Rühren hellbraun karamellisieren, dann grob gehackte Walnüsse und Butter einrühren und die Nüsse im Karamell abkühlen lassen.
- Eiklar mit Salz und 100 g Kristallzucker zu cremigem Schnee schlagen und kühl stellen. Dotter mit Staubzucker sehr cremig schlagen.
- Kuvertüre über heißem Wasserdampf schmelzen, mit den geriebenen und den karamellisierten Nüssen unter die Dottermasse rühren. Zuletzt den Schnee unterziehen. Die Nussmasse auf dem vorgebackenen Teigboden verteilen und die Torte bei 185 °C ca. 10 Minuten und dann bei 175 °C Umluft ca. 40 Minuten fertig backen.
- Für die Likörglasur Staubzucker mit Walnusslikör verrühren und die noch warme Torte damit bestreichen. Tipp: Die Torte mit geschlagenem, evtl. mit Honig verfeinertem Schlagobers servieren und mit eingelegten Zwergorangen, Zitronenzesten bzw. marinierten Dörrpflaumen garnieren.

Der Kärntner Hubert Wallner ist ein absoluter Spitzengastronom – Perfektionist und Künstler zugleich. Seine Gerichte zeichnen sich immer durch besondere Raffinesse aus und sind trotzdem einfach in der Zubereitung. Es bedeutet mir sehr viel, von ihm lernen zu dürfen. Jeder Handgriff sitzt, jeder Teller ist ein Meisterwerk. Er ist ein großartiger Koch und ein geduldiger Lehrer.

# Hubert Wallner

Danke, Hubert, für deine wunderbaren Tipps und Tricks in der Küche. Sie verwandeln jedes Gericht in ein Gedicht.

# Rindscarpaccio

## mit Honig-Paradeiser-Sauce, Ofenparadeisern und Parmesanchips

**Honig-Paradeiser-Sauce**
2 EL Butter | 3 EL Kristallzucker | 4 Tomaten | 1 Schuss Weißwein
1/2 Vanilleschote, ausgekratzt | 2 EL Honig

**Ofenparadeiser**
8 Cocktailtomaten | Olivenöl | Salz

**Parmesanchips**
80 g Parmesan, gerieben

**Carpaccio**
120 g Rindsfilet | Salz, Pfeffer | je 1 weiße und gelbe Chioggia-Rübe, geschält und dünn gehobelt | frische Kräuter (z. B. Majoran, Basilikum) und Blüten | 4 EL geriebener Kren

**Zubereitung:**
- Für die Sauce Butter mit 1 TL Kristallzucker leicht karamellisieren lassen, dann die klein geschnittenen Tomaten hinzufügen und mit Weißwein aufgießen. Das Vanillemark beifügen. 15–20 Minuten bei mittlerer Hitze einreduzieren lassen. Kurz vor dem Ende mit dem restlichen Zucker und dem Honig würzen, durch ein Sieb passieren und evtl. nochmals abschmecken.
- Für die Ofenparadeiser Backrohr auf 180 °C vorheizen. Cocktailtomaten waschen, in Olivenöl und etwas Salz schwenken und auf einem mit Backpapier belegten Backblech verteilen. Ca. 20 Minuten bei Oberhitze schmoren.
- Für die Parmesanchips den Parmesan etwa 5 mm dick auf einem mit Backpapier belegten Backblech verteilen und bei 180 °C backen, bis er geschmolzen und hell gebräunt ist.
- Das Rindsfilet in 1 cm dicke Scheiben schneiden und jeweils zwischen Frischhaltefolie hauchdünn klopfen. Dann vorsichtig wieder von der Folie lösen und sofort auf Tellern verteilen. Fleisch mit Salz und Pfeffer würzen. Honig-Paradeiser-Sauce dazugießen. Mit Ofenparadeisern, Parmesanchips, Chioggia-Rüben-Scheiben, gezupften Kräutern, Blüten sowie frisch geriebenem Kren garnieren.

# Topfenknödel
## auf Beerenröster

**Topfenknödel**
16 g weiche Butter | 2 EL Staubzucker
200 g Topfen | 1 großes Ei | 45 g Weißbrotbrösel

**Butterbrösel**
30 g Semmelbrösel | 15 g Butter | etwas Kristallzucker

**Beerenröster**
2 EL Staubzucker | 20 ml Weißwein | 1 Vanilleschote, ausgekratzt
500 g gemischte Beeren | 15 g kalte Butter, in Würfel geschnitten zum Binden

**Garnitur**
Sauerkleeblätter | Stiefmütterchenblüten

**Zubereitung:**
- Butter mit Staubzucker schaumig rühren, dann Topfen und Ei nach und nach untermengen. Weißbrotbrösel einarbeiten und den Teig ca. 30 Minuten im Kühlschrank rasten lassen.
- Für die Butterbrösel Brösel in Butter mit Zucker bei moderater Hitze unter Rühren goldbraun rösten.
- Für den Beerenröster Staubzucker hellbraun karamellisieren lassen, mit Wein ablöschen und unter Rühren einige Minuten einreduzieren, bis sich der Zucker aufgelöst hat. Anschließend Vanillemark und Beeren beigeben und auf mittlerer Stufe 10–15 Minuten einkochen lassen. Zuletzt den Röster mit kalten Butterwürfeln binden, danach nicht mehr aufkochen lassen.
- Den Teig am besten mit einem Eisportionierer zu gleichmäßigen Kugeln formen und die Knödel ca. 8 Minuten in kochendem Salzwasser ziehen lassen. Mit einem Lochschöpfer herausheben und sofort in den Butterbröseln rollen. Die Topfenknödel auf dem Röster anrichten und mit Sauerklee und Stiefmütterchenblüten garnieren.

Christoph „Krauli" Held – der mittlere Name ist ein Überbleibsel aus seiner erfolgreichen Karriere als Schwimmer. Mittlerweile schwimmt er in der heimischen Gastronomie auf der Erfolgswelle. Der Siriuskogelwirt aus dem oberösterreichischen Salzkammergut begeistert mit seinem außergewöhnlichen Stil traditionelle Genussmenschen ebenso wie Haute-Cuisine-Frischlinge. Er hat einfach die Gabe, aus allem etwas Raffiniertes zu zaubern.

# Christoph „Krauli" Held

Krauli ist ein Meister seines Faches und einer der witzigsten Gastronomen unseres Landes.

Wer möchte mit ihm um die Wette schwimmen? Ich rate jedem davon ab! Denn Krauli hat die Gelassenheit, einfach jeden gewinnen zu lassen. Warum? Weil er es nicht mehr nötig hat, eine Armlänge voraus zu sein. In seinem Becken schlägt er ohnehin immer als Erster an.

# Crème brulée
## mit Steinpilzen

400 ml Schlagobers | 200 ml Milch | 70 g Kristallzucker
2 Zweige Rosmarin | 30 g getrocknete Steinpilze | 6 Dotter
etwas Lavendelzucker | 4 Zweige Zitronenmelisse

**Zubereitung:**
- Schlagobers und Milch erhitzen. Zucker, Rosmarinzweige und getrocknete Steinpilze hinzugeben und alles einmal aufkochen lassen. Dann ca. 30 Minuten ziehen lassen.
- Die Masse durch ein Sieb passieren. In die lauwarme Masse mit einem Schneebesen die Dotter einrühren.
- Backrohr auf 180 °C vorheizen.
- Die Creme in flache Förmchen füllen und im heißen Wasserbad im Backrohr 30–40 Minuten garen lassen.
- Den Lavendelzucker auf die überkühlten Cremetöpfchen verteilen und mit einem Bunsenbrenner flämmen. Mit Zitronenmelisse garnieren.

# Rote-Rüben-Naan-Brot
## mit Goiserer Schafsricotta, Thymian und Orange

**Naan-Brot**
100 ml Milch | 4 EL Olivenöl
250 g glattes Mehl | 1 TL Trockenhefe
1/2 TL Salz | 1 Prise Zucker | 1/2 TL Backpulver
1 EL Rote-Rüben-Pulver (oder Saft) | Olivenöl zum Braten

**Garnitur**
Ricotta | Kräuter (z. B. Thymian, Petersilie)
Zesten von je 1/2 Orange und Zitrone | Senfkaviar | Salz | Honig

**Zubereitung:**
- Alle Zutaten für das Naan-Brot zu einem geschmeidigen Teig verkneten. Sollte der Teig zu trocken sein, noch etwas Wasser hinzugeben. Ca. 30 Minuten zugedeckt bei Zimmertemperatur rasten lassen.
- Teig in kleine Stücke teilen und mit einem Nudelholz zu Fladen ausrollen.
- Eine heiße Pfanne mit etwas Olivenöl bepinseln, Naan-Brote bei mittlerer Hitze beidseitig gut anrösten.
- Naan-Brote anrichten. Ricotta in Tupfen daraufsetzen. Abgezupfte Kräuter und Zitruszesten darüber verteilen. Mit Senfkaviar, Salz und Honig würzen.

Lydia Maderthaner ist für mich ein echter Herzensmensch. Es gibt nur wenige Personen, zu denen man von Anfang an ein so uneingeschränktes Vertrauen hat. Lydia ist so eine Person. Im niederösterreichischen Weistrach betreibt sie die Wirtshauskuchl – ein Kirchenwirtshaus, so wie es sein soll: herzhafte Küche, bodenständige Rezepte und herrliche Kuchenkreationen zum Sonntagskaffee.

# Lydia Maderthaner

Lydias Erfolgsgeheimnis sind alte Familienrezepte und eine unkomplizierte Art im Umgang mit ihren Gästen.

# Gebackenes Forellenfilet
## auf Gemüse-Mayonnaise-Salat

**Mayonnaise**
2 Eier | Saft von 1 Zitrone | 2 EL Worcestershire-Sauce
2 EL Senf | 15 g Salz | 15 g Kristallzucker | Pfeffer

**Gemüsesalat**
400 g gekochte Gemüsemischung, klein geschnitten (z. B. Karotte, Sellerie, Karfiol, Brokkoli)
200 g gekochte Kartoffeln, in kleine Würfel geschnitten
200 g Äpfel, in kleine Würfel geschnitten
100 g Zwiebeln, in kleine Würfel geschnitten | evtl. Sauerrahm

**Forellenfilet**
600 g Forellenfilet | Salz | Saft von 1 Zitrone
Mehl, Ei und Brösel zum Panieren | Öl zum Frittieren
Zitrone und Petersilie zum Garnieren

**Zubereitung:**
- Für die Mayonnaise alle Zutaten mit einem Stabmixer mixen.
- Das vorbereitete Gemüse sowie die Kartoffel-, Apfel- und Zwiebelwürfel mit der gewünschten Menge Mayonnaise vermengen. Evtl. mit Sauerrahm ergänzen.
- Forellenfilet in Streifen schneiden, salzen, säuern, in Mehl, versprudeltem Ei und Bröseln panieren und in heißem Öl goldbraun backen. Wenn die Panier die gewünschte Farbe erreicht hat, herausheben und auf einigen Lagen Küchenrolle abtropfen lassen.
- Gemüse-Mayonnaise-Salat auf Tellern anrichten, gebackene Fischfilets darauf drapieren und mit Zitrone und Petersilie garnieren.

# Kernölgugelhupf

**Gugelhupf**
300 g Kristallzucker | 5 Eier, raumtemperiert und getrennt
120 ml lauwarmes Wasser | 60 ml neutrales Öl (z. B. Sonnenblumenöl) | 60 ml Kürbiskernöl
300 g glattes Mehl | 1 Prise Backpulver | Butter und Mehl für die Form

**Glasur**
200 g weiße Kuvertüre | 1 EL Kernöl | 60 g Butter
gehackte Kürbiskerne und geschlagenes Schlagobers zum Garnieren

**Zubereitung:**
- Backrohr auf 160 °C vorheizen. Gugelhupfform befetten und bemehlen.
- Dotter mit der Hälfte des Zuckers schaumig schlagen. Nach und nach das Wasser und die beiden Öle einmixen.
- Eiklar mit restlichem Zucker zu Schnee schlagen.
- Dotter-Öl-Masse sowie mit Backpulver versiebtes Mehl unter den Schnee ziehen. Masse in die vorbereitete Form füllen und ca. 50 Minuten backen. Danach in einem kalten Wasserbad auskühlen lassen, damit sich der Gugelhupf später leicht aus der Form lösen lässt.
- Inzwischen für die Glasur Kuvertüre mit Öl und Butter im heißen Wasserbad schmelzen.
- Glasur über den aus der Form gelösten Gugelhupf gießen und mit Kürbiskernen garnieren. Mit Schlagobers servieren.

# Winter

Ich bin niemand, den die kalte Jahreszeit in schlechte Laune versetzt – ganz im Gegenteil. Ich liebe es, wenn es draußen kalt und eisig ist und ich in den eigenen vier Wänden die Gemütlichkeit in vollen Zügen genießen kann.

Dann stresst mich kein Sonnenschein zu unendlichem Tatendrang und ich kann ganz ohne schlechtes Gewissen die süße Leichtigkeit des Seins auskosten. Jetzt ist Zeit für eine gute Tasse Tee und Selbstgebackenes: gedeckter Apfelkuchen, Nusszopf, eine saftige Buchweizentorte und selbstverständlich Kekse.

Herrlich ist dieses süße Nichtstun zur blauen Stunde. Frische Luft tanke ich bei langen Spaziergängen am späten Nachmittag. Ich sehe gerne der Sonne zu, wie sie im Abendrot verschwindet und stapfe munter weiter, um möglichst viel frischen Wind um meine Nase zu spüren, bevor ich es mir dann wieder auf dem Sofa gemütlich mache.

Natürlich gehe ich im Winter auch gerne einem meiner liebsten Hobbies nach: dem Skifahren. Da wedle ich dann mit großer Freude die Piste hinunter, um im Anschluss in einer Hütte mit bestem Gewissen eine deftige Köstlichkeit zu genießen. Im letzten Jahr habe ich zudem meine Leidenschaft für das Skitourengehen entdeckt – bergauf schön auspowern, die Sonne am Gipfel genießen und dann ganz entspannt den Berg wieder hinunterfahren. Danach hat man den besten Schlaf und die schönsten Erinnerungen an einen Tag im Schnee. Wo bleibt da noch Zeit für schlechte Winterlaune?

*Winterfreuden auskosten!*

Andreas Döllerer wurde 1979 im salzburgischen Hallein in eine große Familie, in der Traditionen eine große Rolle spielen, hineingeboren. Die Fernsehfamilie liebt ihn für seine unkomplizierte und ehrliche Art. Die Rezepte, die Andreas mitbringt, sind immer von unbeschwerter Leichtigkeit, aber mit einem anspruchsvollen Touch. Ich weiß bei der Zusammenarbeit mit Andreas nie, ob ihm gerade der Schalk im Nacken sitzt oder ob er es bitterernst meint.

# Andreas Döllerer

Er ist einer der ganz Großen – menschlich wie auch fachlich. Es ist eine Ehre, in der Küche neben ihm stehen zu dürfen.

# Saibling in Saor

**Zwiebelgemisch**
5 weiße Zwiebeln, in feine Ringe geschnitten | Olivenöl
50 g Rosinen | 50 g Pinienkerne, geröstet | etwas trockener Weißwein
etwas weißer Balsamicoessig | Salz, Pfeffer

**Saibling**
4 Saiblingsfilets mit Haut, entgrätet | Salz | Olivenöl
Saft von 2 Zitronen | Fleur de Sel
geröstete Weißbrotscheiben zum Anrichten | Rucola zum Garnieren

**Zubereitung:**
- Zwiebelringe in wenig heißem Olivenöl ca. 5 Minuten anschwitzen, dann Rosinen und Pinienkerne beigeben. Alles mit Wein und Essig nach Geschmack ablöschen und nochmals ca. 5 Minuten bei geringer Hitze dünsten lassen. Zuletzt kräftig mit Salz und Pfeffer abschmecken.
- Saiblingsfilets in kleine Stücke schneiden, etwas salzen, in heißem Olivenöl auf der Hautseite anbraten und anschließend in ein verschließbares Gefäß geben. Fisch mit Zitronensaft beträufeln und mit Fleur de Sel bestreuen. Nun das Zwiebelgemisch darauf verteilen und das Ganze zugedeckt mind. 3 Stunden im Kühlschrank durchziehen lassen.
- Den Saibling in Saor auf gerösteten Weißbrotscheiben anrichten und mit Rucola servieren.

# Blunzn Döllerer
## mit karamellisiertem Paprikakraut

**Blunzn**
2 große mehlige Kartoffeln | 4 Scheiben Blunzn (Blutwurst) à 150 g
griffiges Mehl zum Wenden | Sonnenblumenöl zum Braten
Salz | Muskatnuss | Schnittlauch, fein geschnitten

**Paprikakraut**
50 g Zucker | 50 g Butter | 1 Zwiebel, fein geschnitten
1/2 Weißkraut, Außenblätter und Strunk entfernt und fein geschnitten
50 ml Weißwein | 50 ml weißer Balsamicoessig | 1 TL Kümmel, ganz
2 Lorbeerblätter | 3 Wacholderbeeren | 100 ml Rindsuppe | 1 TL Paprikapulver
evtl. etwas Stärke, mit etwas kaltem Wasser glatt gerührt zum Binden | Salz, Pfeffer

**Zubereitung:**
- Kartoffeln schälen und am besten mit einem Spezialgemüsehobel in dünne Nudeln (oder mit dem Messer in dünne Streifen) schneiden. Blunznscheiben in Mehl wenden, mit den Kartoffelnudeln umwickeln und in heißem Öl beidseitig braten, bis die Kartoffeln goldbraun und knusprig sind. Zuletzt mit Salz und Muskatnuss würzen.
- Für das Kraut Zucker karamellisieren, dann Butter, Zwiebel und Kraut beigeben und alles mit Wein sowie Essig ablöschen. Gewürze, Suppe und Paprikapulver hinzufügen und das Ganze ca. 10 Minuten köcheln lassen. Das Paprikakraut evtl. mit Stärke binden. Mit Salz und Pfeffer abschmecken.
- Die Blunzn mit dem Paprikakraut anrichten und mit Schnittlauch garnieren.

# Thomas Ensinger

Thomas Ensinger ist „RisotTomas". Er hat sich mit einer besonderen Streetfood-Idee im Raum Salzburg selbstständig gemacht. Der Seekirchner verkauft köstliches Essen aus dem Wohnwagen heraus. Für mich hat der gelernte Bauingenieur sein Signature Dish, Alpenrisotto, zubereitet.

# Alpenrisotto

1 Zwiebel, fein geschnitten | Olivenöl
320–400 g Risottoreis | 1 Schuss Weißwein | ca. 1 l Suppe
100 g Bratenspeck, in ca. 2 mm dünne Scheiben geschnitten
je 4 EL Karotten-, Sellerie- und Bauchspeckwürfel
Kümmel | Salz | Pfeffer | 100 g Butter | 4 EL geriebener Bergkäse
4 EL geriebener Parmesan | getrocknete essbare Blüten zum Garnieren

## Zubereitung:

- Zwiebel in heißem Olivenöl anschwitzen. Reis hinzufügen und mitschwitzen. Mit Wein und etwas Suppe ablöschen und leicht köcheln lassen. Immer wieder umrühren, damit sich nichts anlegt. Nach und nach mit der Suppe aufgießen.
- Inzwischen Speckscheiben in heißem Olivenöl beidseitig anbraten. Danach herausnehmen und im Bratrückstand Karotten-, Sellerie- und Speckwürfel scharf anbraten. Mit Kümmel würzen, mit etwas Suppe ablöschen und bissfest garen. Die Gemüse-Speck-Würfel unter das fertige Risotto mischen.
- Risotto salzen, pfeffern und mit Butter, Bergkäse und Parmesan vollenden.
- Anrichten und mit den gebratenen Speckscheiben und den getrockneten Blüten garnieren.

Lukas Nagl ist für jeden Spaß zu haben und hat zugleich etwas sehr Beruhigendes an sich. Vielleicht bringt das die Umgebung, in der er arbeitet, mit sich: das Bootshaus – ein wunderbares Seehotel am oberösterreichischen Traunsee. Ich empfehle Ihnen einen Besuch dorthin. Man kommt schnell runter und beginnt augenblicklich zu genießen – letzteres wirklich mit allen Sinnen.

# Lukas Nagl

Lukas steht für eine ausgezeichnete heimische Küche. Bei ihm kommt die ganze Region auf den Teller: unverfälscht und unkompliziert.

# Brotsuppe

## mit Essiggurkerln, Speck, Senf, Miso und Hanföl

4 Scheiben Sauerteigbrot (Roggenbrot) | 4 Scheiben Hamburger Speck
800 ml Hühnersuppe | 250 ml Schlagobers
2 Essiggurkerl, in Würfel geschnitten samt Gurkerlwasser | Salz, Pfeffer
1 EL Dijonsenf | 1 EL helles Miso | gehackte Petersilie und Hanföl zum Garnieren

### Zubereitung:
- Brotscheiben dunkel toasten bzw. rösten.
- Speckscheiben ohne Fett in einer heißen Pfanne beidseitig knusprig braten.
- Jeweils etwas Brot und Speck in Würfel schneiden und zusammen mit einigen Essiggurkerlwürfeln fürs Anrichten beiseitestellen.
- Hühnersuppe mit Schlagobers aufkochen und mit dem übrigen grob zerkleinerten Brot und den restlichen geschnittenen Speckscheiben sowie den verbliebenen Essiggurkerlwürfeln fein pürieren. Mit Salz, Pfeffer, Senf, Miso und Gurkerlwasser abschmecken.
- Die heiße Brotsuppe mit Brot-, Speck- und Essiggurkerlwürfeln sowie Petersilie bestreuen und mit Hanföl verfeinern.

# Zelten
## mit Crème fraîche, Selchfisch, Salzzitrone und Rucola

**Zelten**
500 g Mehl, Type 700 | 10 ml Öl | 15 g Salz
10 g Backpulver | 20 g frische Hefe | 1 Ei
300 ml Sauer- oder Buttermilch | etwas Öl und Mehl zum Arbeiten

**Belag**
200 g Crème fraîche | 200 g geräuchertes Saiblingsfilet
4 EL Saiblingskaviar | 150 g Rucola
1 Salzzitrone, in kleine Stifte geschnitten

**Zubereitung:**
- Für die Zelten alle Zutaten mit der Küchenmaschine zu einem glatten Teig verkneten. Ca. 10 Minuten kneten lassen. Dann zugedeckt aufgehen lassen.
- Backrohr auf 250 °C vorheizen.
- Teig in ca. 80 g schwere Stücke teilen. Diese einölen und erneut zugedeckt gehen lassen.
- Jedes Teigstück auf einer bemehlten Arbeitsfläche wie eine Pizza ausrollen und bei Umluft auf einem vorgeheizten Stein oder einem mit Backpapier belegten Backblech knusprig backen.
- Heiße Zelten mit Crème fraîche, Räucherfisch, Kaviar, Rucola und Salzzitrone belegen und sofort servieren.

Karin Kaufmann hat das Kommando. Das ist völlig klar. Deshalb hört man gerne auf diese erfahrene Kulinarikerin, die mit ihrem Schwung und ihrem Charme jede Küche zum Strahlen bringt. Sie gibt ihr Wissen in ihrer Kochschule im Ländle weiter und bleibt ihren Gästen auch lange danach als treue Freundin erhalten – wie auch mir und das weiß ich mehr als alles andere zu schätzen.

## Karin Kaufmann

Karin ist durch und durch Vorarlbergerin – willensstark und mit Leib und Seele bei der Sache.

# Minestrone
## mit Rucolapesto

**Minestrone**
2 EL Olivenöl | 1 Zwiebel, fein geschnitten
2 Scheiben Sellerie, geschält und in Würfel geschnitten
1 große Karotte, in Scheiben geschnitten | 1/4 Weißkraut, in Streifen geschnitten
1 1/2 l Gemüsesuppe | 2 kleine Kartoffeln, geschält und in Würfel geschnitten
200 g Tomaten, gehackt | 200 g kleine Maccharoni (Suppenteigwaren)
Salz, Pfeffer | geriebener Parmesan zum Garnieren

**Rucolapesto**
200 g Mandeln, geschält | 270 ml mildes Olivenöl
1 Knoblauchzehe, fein gehackt | 160 g Rucola, gehackt
5 g Fleur de Sel | 2 EL Tomatenflocken | evtl. 160 g Parmesan, gerieben

**Zubereitung:**
- Olivenöl erhitzen. Zwiebel, Sellerie, Karotte und Weißkraut darin anschwitzen und mit Gemüsesuppe aufgießen. Kartoffeln und Tomaten dazugeben und ca. 10 Minuten köcheln lassen.
- Dann die Nudeln dazugeben und bissfest garen. Die Suppe mit Salz und Pfeffer abschmecken.
- Parallel Mandeln kurz in etwas heißem Olivenöl rösten. Im Mörser oder in einem Blender alle Zutaten zu einer nicht zu feinen Masse verarbeiten. Je nach Geschmack kann noch Salz bzw. geriebener Käse eingearbeitet werden.
- Suppe anrichten und mit Pesto und geriebenem Parmesan garnieren.

# Gefüllter Nusszopf

### Hefeteig
20 g frische Hefe | 3 EL lauwarmes Wasser
500 g glattes Mehl | 50 g Backzucker | 250 ml lauwarme Milch
60 g flüssige Butter (nicht heiß!) | 1 TL Salz | 2 Dotter

### Nussfüllung
2 Eiklar | 150 g Haselnüsse, geschält und geröstet
35 g Kristallzucker | 100 g Marzipan, in kleine Würfel geschnitten

### Glasur
150 g Staubzucker | 1 EL Wasser | 2 EL Orangenlikör

### Zubereitung:
- Hefe mit Wasser verrühren. Mehl, Zucker, Milch, Butter, Salz und Dotter zugeben. Mit der Küchenmaschine ca. 5 Minuten kneten. Nach Bedarf noch etwas Milch zugeben. Den Teig zugedeckt gehen lassen, bis er das doppelte Volumen hat.
- Für die Nussfüllung alle Zutaten fein mixen.
- Hefeteig ca. 3 mm dick zu einem Rechteck ausrollen, mit der Füllung bestreichen und straff einrollen.
- Backrohr auf 160 °C vorheizen.
- Die Rolle der Länge nach mit einem scharfen Messer halbieren – unbedingt exakt in der Mitte durchschneiden, weil der Zopf sonst ungleichmäßig aufgeht. Die zwei Stränge miteinander verschlingen und die Enden zusammendrücken. Auf ein mit Backpapier belegtes Backblech legen. Den Zopf bei Ober- und Unterhitze ca. 45 Minuten backen.
- Alle Zutaten für die Glasur glatt rühren.
- Zopf sofort nach dem Backen mit der Zuckerglasur bestreichen.

Tamara Lerchner kam durch ihre Geschäftspartnerin Monika Pirchmoser zu unserer Sendung. Diese hatte mir in einer besonderen Nachricht geschrieben, warum Tamara ideal für unsere Sendung wäre. Diese Nachricht habe ich noch heute ... und Recht hatte die Moni! Mit Tamara und Monika möchte man einfach gerne viel Zeit verbringen. Das geht auch ganz leicht – in ihrem Restaurant Zeitlos in Hopfgarten im Tiroler Brixental.

# Tamara Lerchner

Tamara weiß ganz genau, was sie kann und hat dabei den weltbesten Humor. Nach getaner Arbeit kann man mit ihr noch stundenlang herumsitzen und bei einem Glaserl ganz herrlich „versumpern".

# Gefüllte Pasta

## mit flüssigem Dotter, Spinat und Specksauce

**Pastateig**
400 g Mehl | 4 Eier | 1 Dotter | 1 EL Olivenöl | 1 Prise Salz

**Spinatfüllung**
200 g Ricotta (oder Frischkäse) | 200 g Spinat, blanchiert und fein gehackt | Salz, Pfeffer
evtl. 2 EL Pankobrösel | 4 Dotter, ca. 30 Minuten vor Verwendung in befetteten Muffinformen
tiefkühlen

**Specksauce**
150 g Bauchspeck, in kleine Würfel geschnitten | 1 EL Olivenöl | 2 EL kalte Butter

**Garnitur**
4 Speckchips (gekauft oder selbst gemacht) | geriebener Parmesan

**Zubereitung:**
- Aus Mehl, Eiern, Dotter, Olivenöl und etwas Salz einen Nudelteig kneten und im Kühlschrank mindestens 30 Minuten rasten lassen. Den Nudelteig mit einer Nudelmaschine oder dem Nudelholz dünn auswalken. In ca. 10 cm breite Bahnen schneiden.
- Ricotta oder Frischkäse verrühren, den Spinat einarbeiten und mit Salz und Pfeffer würzen. Falls die Masse zu flüssig ist, Pankobrösel unterrühren. Die Masse in einen Spritzbeutel füllen und auf den vorbereiteten Nudelteig Kreise dressieren. In die Mitte je einen tiefgekühlten Dotter gleiten lassen. Die Teigränder mit Wasser oder Eiklar bestreichen. Mit einer zweiten Teigbahn abdecken und die Ränder festdrücken – dabei aufpassen, dass nicht zu viel Luft in den Nudeltaschen ist, sonst könnten diese später platzen. In Quadrate (ca. 10 x 10 cm) schneiden.
- Reichlich gut gesalzenes Wasser aufkochen, Teigquadrate hineinlegen und ca. 3 Minuten köcheln lassen. Mit einem Siebschöpfer herausheben.
- Für die Sauce den Bauchspeck in heißem Olivenöl knusprig anbraten, mit etwas Nudelwasser aufgießen und mit eingerührter Butter binden.
- Nudeltaschen anrichten und mit Sauce, Speckchips und Parmesan garnieren.

# Hirschrücken
## im Wildkräutermantel, Pastinakenpüree und Pflaumen-Nuss-Zigarre

**Hirschrücken**
600 g Hirschfilet | 15 Wacholderbeeren | 1/2 TL Koriandersamen | 1/2 TL Senfkörner
1 Sternanis | 1 TL schwarze Pfefferkörner | 5 Pimentkörner | 2 Lorbeerblätter | 2 EL Butter
1 EL Honig | Wildkräutermischung (z. B. Thymian, Holunderblätter, Brennnessel, Salbei, Liebstöckel, Pfefferminze, Kornblumen- bzw. Ringelblumenblüten oder eine fertige Wildkräutermischung)

**Pastinakenpüree**
500 g Pastinaken | 200 ml Schlagobers | ca. 25 ml Gemüsefond (oder -suppe)
Zitronenzesten | Salz | Zitronensaft

**Pflaumen-Nuss-Zigarre**
100 g getrocknete Pflaumen, klein geschnitten | 50 g gemischte Nüsse, geröstet und gehackt
Olivenöl | 40 ml weißer Portwein | 1 Orange (Saft und Zesten) | Salz | 4 Blätter Frühlingsrollenteig (oder Strudelblätter) | 1 Eiklar | Pflanzenöl zum Ausbacken | Orangenöl zum Vollenden

**Zubereitung:**
- Filet von der Silberhaut befreien. Gewürze trocken rösten und in einem Mixer mahlen. Hirschrücken mit der Gewürzmischung einreiben und straff in Frischhaltefolie wickeln. Filet in der Folie im Wasserbad bei ca. 70 °C 10–15 Minuten ziehen und danach rasten lassen.
- Butter erhitzen und aufschäumen lassen. Das Filet auswickeln und in der Butter rundherum anbraten. Hirschrücken mit dem Honig bestreichen und in der Wildkräutermischung wälzen.
- Pastinaken schälen, in kleine Stücke schneiden und mit Schlagobers, Gemüsefond, Zitronenzesten und Salz weich kochen. Fein mixen und mit Zitronensaft abschmecken.
- Pflaumen und Nüsse in wenig heißem Olivenöl anschwitzen. Mit Portwein, Orangensaft und Orangenzesten einreduzieren lassen und mit Salz abschmecken. Masse kurz abkühlen lassen und dann auf dem Frühlingsrollenteig verteilen. Mit Eiklar verkleben und zu Zigarren rollen. In heißem Öl schwimmend herausbacken und auf einigen Lagen Küchenrolle abtropfen lassen.
- Pastinakenpüree auf den Tellern verteilen. Hirschrücken in Scheiben geschnitten darauflegen. Schräg halbierte Zigarren dazulegen und mit Orangenöl verfeinern.

Max Stiegl ist der Koch des Jahres 2021 – völlig verdient. Max hat auf Gut Purbach im Burgenland gezeigt, dass Tradition und Innovation bei ihm immer Hand in Hand gehen. Sein stets ausgebuchter Sautanz ist ein absolutes Muss für Kulinarikfans und gut gelaunte Gäste. Die Philosophie „Nose to Tail" stößt dabei nicht immer auf Befürworter. Mit feiner Klinge und messerscharfem Verstand überzeugt er in seinem eigenen Podcast (Max Stiegl – Am Stammtisch) allerdings auch die vehementesten Zweifler.

# Max Stiegl

Max ist ein guter Freund geworden – jemand, auf den man gerne hört und der einem auch ganz unverblümt und ehrlich sagt, wenn ihm etwas gegen den Strich geht. Das tut er allerdings nur sehr selten. Denn so schlau und erfolgreich wie Max ist, so unkompliziert und bodenständig ist er geblieben.

# Bosnische Sarma

1 Zwiebel, fein geschnitten | 1 EL Öl
1 kg gemischtes Faschiertes vom Kalb und Rind | 150 gewaschener Langkornreis
Salz, Pfeffer | Paprikapulver | Sarmakraut | Öl für die Form
150 g Geselchtes in Scheiben oder geselchte Ripperl | Gemüsesuppe zum Aufgießen
2 EL Tomatenmark | 2 Knoblauchzehen | Lorbeerblätter | 40 g Maisstärke

**Zubereitung:**
- Zwiebel in heißem Öl anschwitzen, überkühlen lassen und mit Faschiertem und Reis mischen. Salzen, pfeffern, mit Paprikapulver verfeinern und in Krautblätter wickeln.
- Topf oder Rein gut befetten. Nun das Geselchte bzw. die Ripperl hineinlegen und einige Krautblätter darauflegen. Anschließend die gefüllten Sarmarouladen in die Form schlichten und das Ganze mit Gemüsesuppe auffüllen, bis die Rouladen knapp bedeckt sind. Tomatenmark, Knoblauch und Lorbeerblätter hinzufügen. Zugedeckt bei niedriger Hitze dünsten, bis der Reis kernig ist.
- Maisstärke mit etwas Sarmaflüssigkeit glatt rühren und dann in den Sarmasaft einrühren. Aufkochen und Sarma fertig köcheln lassen.
- Sarma wird am besten mit gekochten Kartoffeln oder Kartoffelpüree serviert.

# Burgenländische Kipferl

**Hefeteig**
400 g glattes Mehl | 30 g frische Hefe | 2 EL Kristallzucker | 125 ml kalte Milch
3 Dotter | 250 g flüssige Butter (nicht heiß!) | 1 Prise Salz

**Füllung**
3 Eiklar | 250 g Kristallzucker
300 g Haselnüsse, gerieben | 100 g Mandeln, gerieben

**Garnitur**
Staubzucker

**Zubereitung:**
- Für den Hefeteig alle Zutaten zu einem geschmeidigen Teig verarbeiten. Sollte dieser zu weich sein, noch etwas Mehl einarbeiten. Den Teig nicht gehen lassen. Es ist ein kalter Germteig, deshalb auch keine warme Milch verwenden!
- Den Teig in 3 Teile teilen. Den ersten Teil auf einem Strudeltuch ca. 3–4 mm dick ausrollen.
- Eiklar mit Zucker zu Schnee schlagen.
- Auf den ausgerollten Teig zuerst ein Drittel des Schnees verteilen (am oberen Ende etwas Platz lassen, sonst quillt die Füllung heraus) und dann ein Drittel der geriebenen, gemischten Nüsse darauf verteilen. Mittels Strudeltuch den Teig von einer Seite her einrollen. Mit den restlichen Teigportionen gleich verfahren.
- Backrohr auf 180 °C vorheizen.
- Von den Rollen mit einem Trinkglas Halbmonde abstechen und auf ein mit Backpapier belegtes Backblech setzen. Die Halbmonde ca. 20 Minuten backen, bis sie leicht Farbe genommen haben. Vor dem Servieren mit Staubzucker bestreuen.

# Bernd Matschnig

„Silvia kocht" war in der höchstgelegenen Konditorei des Landes, nämlich in Vorarlberg. Mit dem sympathischen Chef des Hauses, Bernd Matschnig, durfte ich am Pitztaler Gletscher eine köstliche Buchweizentorte mit Zirbenschaum backen – ein wahrer Hochgenuss!

# Buchweizentorte

**Buchweizentorte mit Grantenfüllung**

375 g weiche Butter | 8 Eier, raumtemperiert und getrennt | 375 g Staubzucker
375 g Buchweizenmehl | 1 Prise Salz | 375 g Haselnüsse, gerieben | 3 g Backpulver
Butter für die Form
1 kg Granten (Wildpreiselbeeren) | 400 g Kristallzucker | Zitronen- und Orangenzesten

**Zirbenschaum**
4 Dotter | 30 ml Orangensaft | 30 ml Weißwein | 15 g Kristallzucker | 1 Tropfen Zirbenöl

**Zubereitung:**
- Butter cremig schlagen. Dotter und die Hälfte vom Staubzucker nach und nach einmixen.
- Eiklar mit der zweiten Hälfte des Staubzuckers zu Schnee schlagen.
- Buchweizenmehl mit Salz, Haselnüssen und Backpulver vermengen und unter die Buttermasse mischen.
- Eine Hälfte des Schnees einarbeiten und dann die zweite Hälfte vorsichtig unterziehen.
- Backrohr auf 160 °C vorheizen.
- Masse in eine befettete Springform (Ø 26 cm) geben und am Rand etwas hochziehen, damit die Torte eben wird. Bei Ober- und Unterhitze ca. 1 1/2 Stunden backen.
- Für die Füllung Granten, Zucker und Zesten 15–20 Minuten lang köcheln, dann kalt werden lassen und anschließend nochmals für 2 Minuten aufkochen.
- Die gebackene, abgekühlte Torte waagrecht halbieren und gleichmäßig mit einer etwa 1 cm hohen Schicht abgekühlter Grantenmarmelade füllen. Zweite Teigplatte daraufsetzen und die Oberseite der Torte mit der restlichen Grantenmarmelade bestreichen.
- Für den Zirbenschaum alle Zutaten über heißem Wasserdampf cremig schlagen und mit der Torte anrichten. Evtl. mit Schlagobershäubchen und Schokoladenspänen vollenden.

# Michaela Kirchgasser

Manche kennen sie als sensationell talentierten Dancing Star 2020, andere als österreichische Ski-Ikone und dreifache Weltmeisterin ... ich kenne sie in allen Facetten. Michaela Kirchgasser wuchs im Salzburger Filzmoos auf und ist der Region trotz zahlreicher internationaler Erfolge sehr verbunden geblieben. Auf den Skiern fährt sie heute noch gerne um die Wette – auch mit mir. Nur mit großer Mühe kommt man da hinterher. Aber später in der Küche war es dann ein schöner Paarlauf. Meine Kirchi – einer der großherzigsten, lustigsten und liebsten Menschen auf Erden!

# Salzburger Nockerl

5 Eiklar | 3 EL Kristallzucker | 1 Pkg. Vanillezucker
3 Dotter | 1 EL Mehl | Butter für die Form
Preiselbeermarmelade | Staubzucker zum Bestreuen

### Zubereitung:
- Backrohr auf 175 °C vorheizen. Feuerfeste Form befetten und mit Preiselbeermarmelade bestreichen.
- Eiklar mit Zucker und Vanillezucker zu festem Schnee schlagen.
- Dotter mit Mehl glatt rühren und mit dem Schneebesen vorsichtig unter den Schnee ziehen.
- Mit einer Teigkarte aus der Masse drei große Nockerl in die vorbereitete Form geben.
- Bei Umluft ca. 16 Minuten goldbraun backen.
- Sofort mit Staubzucker bestreuen und servieren.

Markus Fuchs ist die gute Seele und gleichzeitig das Herz unserer Sendung. Der großartige Koch und Unternehmer aus Oberösterreich ist unser Backstage-Koch, bereitet mit all unseren Sendungsköchen ihre Rezepte vor und geht bei den Vorbereitungen zur Hand. Ich hoffe, dass er eines Tages ein Buch über diese Arbeit schreibt. Er war schon mehrmals Retter in der Not, Schutzengel und erste Hilfe zugleich.

## Markus Fuchs

Ich bin ihm von ganzem Herzen dankbar für alle Sendungen, in denen er die kulinarische Hintergrundmusik gespielt hat. Umso schöner war es, ihn endlich auch als Hauptact in einer unserer Weihnachtssendungen begrüßen zu dürfen. Danke, Fuxxxy!!! Du bist der Beste ... und du weißt es!

# Gefüllte Feige

## im Speckmantel auf Wintersalaten, Rote-Rüben-Orangen-Dressing und Brotchips

**Gefüllte Feige**
4 Feigen | 150 g Topfen | 20 g Parmesan, gerieben | Salz, Pfeffer
Zitronenzesten | 8 Scheiben Speck | etwas Thymian

**Wintersalat mit Rote-Rüben-Orangen-Dressing**
1 Radicchio | ca. 100 g Vogerlsalat | 180 g Rote Rüben, vorgekocht
100 ml Balsamicoessig | 60 ml Pflanzenöl nach Wahl | 1 Orange (Saft und Zesten)
50 g Honig | Salz, Pfeffer | eingelegte Brombeeren | Brotchips (oder Brotcroûtons)

**Zubereitung:**
- Bei den Feigen erst den Ansatz ab- und dann kreuzweise einschneiden („Deckel" aufheben!). Topfen mit Parmesan, Salz, Pfeffer sowie Zitronenzesten verrühren und abschmecken. Am besten in einen Spritzbeutel füllen. Feigen etwas auseinanderziehen und mit der Topfenmasse füllen.
- Backrohr auf 200 °C vorheizen.
- Gefüllte Feigen nun in Speck wickeln, in eine ofenfeste Form setzen, die Feigendeckel wieder dekorativ daraufsetzen und ca. 10 Minuten backen.
- Fürs Dressing die Roten Rüben mit Essig, Öl, Orangensaft und -zesten, Honig, Salz und Pfeffer mixen.
- Radicchio vierteln, den Strunk entfernen und in lauwarmem Wasser ca. 10 Minuten einweichen, damit er den bitteren Geschmack verliert. Vogerlsalat säubern und waschen. Beide Salate trocken schleudern.
- Zum Anrichten Dressing am Teller verteilen und den Salat dekorativ darauf anrichten. Die gebratene Feige in die Mitte setzen und mit eingelegten Brombeeren und Brotchips dekorieren.

# Lebkuchen-Panna-Cotta
## mit Ingwerweichseln und Zimt-Christbaum

**Panna Cotta**
2 1/2 Blätter Gelatine | 1/2 l Schlagobers | 90 g Kristallzucker
1 TL Lebkuchengewürz | 1/2 TL Kurkuma | 1 TL Punschgewürz

**Ingwerweichseln**
25 g Kristallzucker | 5 g Ingwer, geschält und fein gehackt | 50 ml Rotwein
1 Glas eingelegte Weichseln | 10 g Maisstärke | 15 ml Wasser

**Zimt-Christbaum**
1 Pkg. Blätterteig | Mehl zum Arbeiten | 1 Ei zum Bestreichen | 1 TL Zimt | 2 EL brauner Zucker

**Garnitur**
Nüsse nach Wahl (z. B. Pekannüsse) | Staubzucker | Minzblätter

**Zubereitung:**

- Gelatine in kaltem Wasser einweichen. Schlagobers mit Zucker und Gewürzen einmal kurz aufkochen. Topf vom Herd nehmen und die gut ausgedrückte Gelatine in der überkühlten, aber noch warmen Flüssigkeit auflösen. Abseihen, in Schüsseln, Gläser oder Formen füllen und für einige Stunden kalt stellen.
- Für die Ingwerweichseln Zucker zu hellem Karamell schmelzen, Ingwer darin kurz anschwitzen und mit Rotwein sowie dem Saft der Weichseln ablöschen. Kurz köcheln lassen. Maisstärke mit Wasser glatt rühren, dann in den heißen Weichselsud einrühren und die Weichseln dazugeben. Kalt stellen.
- Backrohr auf 200 °C vorheizen.
- Blätterteig auf einer bemehlten Arbeitsfläche ausrollen und mit verquirltem Ei bestreichen. Nun eine Hälfte großzügig mit Zimt und braunem Zucker bestreuen, zusammenklappen und gut festdrücken. Der Länge nach, am besten mit einem Teigroller, in ca. 1,5 cm breite Streifen schneiden. Die Streifen in Christbaumform auf Holzstäbchen spießen, mit Ei bestreichen und auf ein mit Backpapier belegtes Backblech legen. Ca. 10 Minuten backen, bis die Christbäume goldbraun sind.
- Weichseln und Blätterteig-Christbäume auf der Panna Cotta anrichten und garnieren.

# Bernhard Quehenberger

Schöner als das Skitourengehen in richtiger Begleitung ist eigentlich nur der darauffolgende Einkehrschwung. Der Hüttenwirt der Sonnenalm in der oberösterreichischen Ferienregion Dachstein Salzkammergut heißt Bernhard Quehenberger. Für uns hat er seine berühmten Fleischkrapfen mit Honigschmalz gemacht – ein wahrer Gaumenschmaus im Sonnenschein und eine wohlverdiente Stärkung nach dem Sport.

# Fleischkrapfen mit Kraut

**Fleischkrapfen**
200 g Roggenmehl | 200 g glattes Mehl | 2 TL Salz | 250 ml Milch | 125 g Butter
Mehl zum Arbeiten | Butterschmalz zum Ausbacken | 1 Zwiebel, fein geschnitten | etwas Öl
400 g geselchtes Rindfleisch, fein geschnitten oder faschiert | 200 g Selchroller (oder gekochter Schinken), fein geschnitten oder faschiert | 1–2 Kartoffeln, gekocht, geschält und passiert
Salz, Pfeffer | 1 Bund Petersilie, fein gehackt | 200 g Honig | 100 g Butter

**Sauerkraut**
200 g Speck, in Würfel geschnitten | etwas Öl | ca. 700 g Sauerkraut | Rindsuppe
Salz, Pfeffer | Lorbeerblätter | Wacholderbeeren | evtl. Zucker

**Zubereitung:**
- Mehle mit Salz vermengen. Milch mit Butter aufkochen. In der Knetmaschine alles verkneten, bis ein geschmeidiger Teig entsteht. Ca. 5 cm dicke Rollen formen und ca. 5 cm lange Stücke abtrennen. Teigstücke flach drücken, in Mehl wenden und abgedeckt rasten lassen.
- Für die Füllung Zwiebel in heißem Öl goldgelb anbraten. Fleisch und Schinken mitrösten. Passierte Kartoffeln hinzufügen, mit Salz und Pfeffer abschmecken und mit Petersilie vermengen.
- Speck in heißem Öl anbraten. Sauerkraut mitbraten. Mit etwas Rindsuppe aufgießen. Mit Salz, Pfeffer, Lorbeerblättern, Wacholderbeeren und evtl. Zucker dünsten und abschmecken.
- Die Teigstücke ca. 3 mm dick ausrollen. Ca. 2 EL Füllung in die Mitte des Teiges geben. Zweites Teigstück darüberlegen. Krapfen am Rand festdrücken. Mit dem Teigrad ausschneiden.
- Für das Honigschmalz Honig mit Butter aufkochen.
- Fleischkrapfen in heißem Butterschmalz beidseitig goldgelb backen, kurz abtropfen lassen und gemeinsam mit Sauerkraut und Honigschmalz anrichten.

Das Montafon ist ein 39 km langes Tal in Vorarlberg und Heimat des **Montafoner Steinschafs.** Martin Mathies züchtet diese vom Aussterben bedrohte Rasse auf seinem Biohof in St. Gallenkirch. Es sind besonders anspruchslose Tiere, die jedoch weniger Fleisch geben als andere Rassen. Daher werden aus ihrer robusten Wolle allerlei kuschelige Produkte hergestellt – von Hauspantoffeln bis zu Teppichen.

# Martin Mathies

Auf seinen Lockruf kommen die vierbeinigen Wollknäuel sofort, um sich eine besondere Belohnung abzuholen – weil sie ja so brav sind!

# Goiserer Holzknechtmuseum

Holzknechtnocken erinnern an die harte Arbeit eines wichtigen Berufsstandes in der Region Dachstein/Salzkammergut im südlichen Oberösterreich. Im Goiserer Holzknechtmuseum kann man dieses einfache Gericht wie früher zubereiten. Mit einer kleinen und sehr sympathischen Delegation der hiesigen **Goldhaubenfrauen** durfte ich das Gericht von damals über offenem Feuer kochen.

# Holzknechtnocken

500 g griffiges Mehl | 500 g glattes Mehl | 1 EL Salz
1 l kochendes Wasser | Butterschmalz zum Ausbacken
Äpfel, entkernt und in Spalten geschnitten | etwas Butterschmalz
Kristallzucker zum Karamellisieren | Staubzucker zum Bestreuen

**Zubereitung:**
- Mehle mit Salz vermengen. Kochendes Wasser rasch einarbeiten.
- Mit nassen Händen aus dem Teig kleine Knöderl formen und diese in kochendem Salzwasser ca. 8 Minuten kochen, bis sie oben schwimmen. Mit einer Schöpfkelle herausheben und abgetropft in reichlich heißem Butterschmalz rundherum backen.
- Als Beigabe Äpfel in Butterschmalz braten und mit Zucker nach Belieben karamellisieren lassen.
- Holzknechtnocken mit karamellisierten Apfelspalten anrichten und mit Staubzucker bestreuen.

Im Tiroler Alpengasthof Tannenalm am Stummerberg sorgt Helmut Kröll kulinarisch für seine Gäste. Aber damit nicht genug. Auch die Inneneinrichtung trägt seine Handschrift. In mühevoller Handarbeit schnitzt, hobelt, hämmert, leimt und tischlert er für sein Haus. Helmut ist ein wahres Energiebündel und einer der besten Gastgeber, die ich kenne.

# Helmut Kröll

Er ist ein Selfmademan, der von der Küche über das Service bis hin zur eigenen Lebensmittelproduktion und sogar der Inneneinrichtung nichts dem Zufall überlässt und gerne selbst Hand anlegt. Ein Aufenthalt in seinem Haus ist pures Vergnügen.

# Zillertaler Graukassuppe

40 g Butter | 80 g Zwiebel, fein geschnitten | 2 EL glattes Mehl
1 l kräftige Rindsuppe | 200 g Graukas (Tiroler Sauermilchkäse)
300 ml Schlagobers | evtl. Salz bzw. Zucker

**Zubereitung:**
- Butter schmelzen, Zwiebel darin anschwitzen, Mehl einrühren und mit Suppe aufgießen.
- Graukas einrühren und aufkochen.
- Ca. 10 Minuten köcheln lassen. Mit dem Stabmixer aufschäumen. Evtl. mit Salz bzw. Zucker abschmecken.
- Suppe anrichten. Als Garnitur eignen sich geröstete Brotwürfel, etwas geschlagenes Schlagobers und Käsechips sowie frische Kräuter.

# Tiroler Leber

2 EL Schweineschmalz (oder Öl) | 100 g Zwiebel, fein geschnitten
100 g Speckwürfel | 600 g Schweinsleber | 200 ml brauner Fond
200 ml Schlagobers | Salz, Pfeffer

**Zubereitung:**
- Schmalz erhitzen. Zwiebel und Speck darin anbraten.
- Leber zuputzen und schnetzeln, also in dünne Streifen schneiden.
- Leber zu Zwiebel und Speck geben und kurz mitdünsten – sie soll innen noch roh sein. Achtung: Nicht salzen, sonst wird die Leber hart!
- Mit Fond aufgießen, leicht köcheln und um ein Drittel einreduzieren lassen. Die Leber soll am Ende innen noch rosa sein.
- Schlagobers aufschlagen und einmengen. Mit Salz und Pfeffer abschmecken.
- Leber anrichten. Als Beilage passen Petersilienkartoffeln oder Kartoffelpüree und als Garnitur ein wenig geschlagenes Schlagobers und Preiselbeermarmelade.

Die Familie Krenn im niederösterreichischen Yspertal serviert im eigenen Landgasthof direkt am mystischen Druidenweg gutbürgerliche Küche. Die wunderbare Hausherrin und Genusswirtin Martina Krenn verriet mir ihr Rezept für butterweiches Krenfleisch – nomen est omen!

## Martina Krenn

Sie betreibt mit ihrer Familie einen innovativen Landgasthof mit eigener Brennerei – man sollte auf keinen Fall die Verkostung der prämierten Brände verpassen.

# Krenschaumsuppe
## mit Roten Rüben

150 g Dinkelmehl | 1 l Suppe nach Wahl | 250 ml Schlagobers
Salz, Pfeffer | Kren, frisch gerissen | 1 große Rote Rübe, vorgekocht
etwas geschlagenes Schlagobers

**Zubereitung:**
- Dinkelmehl trocken rösten. Mit Suppe und Schlagobers aufgießen und aufkochen.
- Mit Salz, Pfeffer und Kren würzig abschmecken.
- Mit dem Stabmixer aufschäumen.
- Rote Rübe schälen und in dünne Streifen schneiden.
- Suppe mit etwas geschlagenem Schlagobers verrühren und sofort anrichten. Mit Roter Rübe und etwas Kren garnieren.

# Krenfleisch
## vom Waldviertler Weiderind mit Erdäpfelknödeln

**Krenfleisch**
800 g Rindfleisch zum Kochen (z. B. weißes Scherzel oder Tafelspitz) | ca. 600 ml Rindsuppe
400 g Wurzelgemüse (z. B. Karotten, Gelbe Rüben, Topinambur, Pastinaken) | Salz

**Erdäpfelknödel**
500 g festkochende Kartoffeln | 80 g Kartoffelstärke | 2 TL Salz

**Krensauce**
Kräuter, gehackt (z. B. Petersilie, Majoran, Bergbohnenkraut) | 40 g Lauch, grob gehackt
125 ml Gemüsefond vom Wurzelgemüse | 40 ml Rindsuppe | 125 ml Schlagobers
Kren, frisch gerissen | Salz, Pfeffer

**Garnitur**
Petersilie, gehackt | Kren, frisch gerissen

**Zubereitung:**
- Rindfleisch in der Rindsuppe ca. 1 1/2 Stunden köcheln lassen.
- Wurzelgemüse waschen, schälen, in Stifte schneiden und in ausreichend Salzwasser bissfest kochen. Das Wurzelgemüse abseihen und den Fond später für die Krensauce verwenden.
- Kartoffeln mit Schale 20–30 Minuten in Salzwasser kochen, dann abseihen, mit kaltem Wasser abschrecken und schälen. Durch eine Kartoffelpresse drücken, mit Kartoffelstärke und Salz gut vermischen. Die Masse mit nassen Händen zu Knödeln formen und diese in kochendem Salzwasser ca. 20 Minuten ziehen lassen.
- Für die Krensauce alle Zutaten aufkochen – die Sauce soll dünnflüssig bleiben.
- Das Fleisch in ca. 1 cm dicke Scheiben schneiden und mit den abgetropften Knödeln anrichten. Das Wurzelgemüse auf das Rindfleisch geben und die Krensauce seitlich platzieren. Zum Schluss noch mit Kren und Petersilie bestreuen.

Schneebedeckte Berggipfel, idyllische Täler und eisblauer Himmel – das Salzburger Land ist für viele der Inbegriff von Winterurlaub. In der Region Pongau erwartet einen aber auch kulinarischer Hochgenuss. Das Wirtshaus Bürglhöh liegt in Bischofshofen auf 800 m Seehöhe. Bekannt ist es am Berg und im Tal für Sigi Ratgebs saftige Tomahawk-Steaks, die im Outdoor Smoker zubereitet werden. Aber auch sein köstlicher Alpensaibling, der überbacken und mit Störkaviar serviert wird, ist einen Besuch wert.

## Sigi Ratgeb

Er kocht nicht nur auf der Via Culinara, dem Salzburger Genussweg – er lebt für Qualität und Regionalität. Seine Steaks kommen ebenso wie Fisch und Wild aus dem Pongau.

# Überbackener Alpensaibling
## mit Störkaviar

2 EL weiche Butter | 1 Scheibe Ingwer, geschält und fein gehackt
Chili | Petersilie, gehackt | Knoblauchöl | 1 Scheibe Toastbrot, fein gehackt
Salz, Pfeffer | 4 mundgerechte Stücke Saiblingsfilet ohne Haut, entgrätet
4 TL Schaumwein | Störkaviar zum Garnieren

**Zubereitung:**
- Butter cremig rühren. Ingwer, Chili, Petersilie, Knoblauchöl und Toastbrot einmengen und mit Salz und Pfeffer würzen.
- Diese Paste auf die Fischstücke geben.
- Den Fisch auf feuerfeste Servierlöffel oder in feuerfeste Schalen geben und mit Schaumwein beträufeln.
- Im Backrohr bei 200 °C mit der Grillfunktion ca. 5 Minuten überbacken.
- Mit Störkaviar garnieren.

# Tomahawk-Steak
## mit Erdäpfelnidei und Wintergemüse

**Erdäpfelnidei**
3 Kartoffeln | 1 Ei | 2 EL (doppel)griffiges Mehl | 2 EL Semmelbrösel
Salz, Pfeffer | 1 Prise Muskatnuss | ca. 3 EL braune Butter | Butter und Olivenöl zum Anbraten

**Wintergemüse**
Butter | Olivenöl | ca. 400 g Wintergemüse (z. B. Rote Rüben, Karotten, Brokkoli, Sellerie, Karfiol)
Salz | Zucker | Knoblauchöl

**Steak**
1 Tomahawk-Steak | Fleur de Sel | Pfeffer | Olivenöl

**Zubereitung:**
- Für die Erdäpfelnidei Kartoffeln kochen, schälen, durch eine Kartoffelpresse drücken und mit Ei, Mehl, Semmelbröseln, Salz, Pfeffer und Muskatnuss vermengen. In die Kartoffelmasse braune Butter einarbeiten und dann ca. 2 cm dicke Rollen formen. Nidei, also kleine Stücke, davon abschneiden. Die Nidei in einer heißen Pfanne mit Butter und Olivenöl braten.
- Das Gemüse putzen bzw. waschen und schälen, in mundgerechte Stücke schneiden und in Salzwasser blanchieren. Dann in einer heißen Pfanne mit Olivenöl und Butter anbraten. Mit Salz, Zucker und Knoblauchöl abschmecken.
- Das Steak mit Fleur de Sel, Pfeffer und Olivenöl marinieren. Das Fett leicht einschneiden, damit sich dieses nicht zu stark zusammenzieht. Steak scharf anbraten – wenn möglich in einem Beefer, sonst in einer Pfanne. Anschließend am besten in einem Smoker (für den Rauchgeschmack) oder im Backrohr bei 100 °C rasten lassen (je nach Gewicht und Größe – ca. 25 Minuten).
- Das Tomahawk-Steak in Tranchen schneiden, mit Fleur de Sel bestreuen, mit Olivenöl beträufeln und mit den Nidei und dem Gemüse anrichten.

# Vorspeisen

| | |
|---|---:|
| **Kohlrabisalat** (Paul Ivić) | 22 |
| **Confierter Saibling mit Buttermilch-Schnittlauch-Vinaigrette** (Max Natmessnig) | 28 |
| **Parmesankroketten mit Basilikummayonnaise** (Lukas Kienbauer) | 34 |
| **Tapioka mit Gurke und Avocado** (Christian Rescher) | 45 |
| **Rehydrierte Tomatenraritäten mit lauwarmem Schafskäse und Frühlingskräutern** (Philipp Stohner) | 90 |
| **Pimientos de Padrón mit Schafskäse** (Wolfgang Ensbacher) | 98 |
| **Ochsenherzparadeiser-Carpaccio** (Dietmar Silly) | 108 |
| **Saibling-Ceviche mit Holunder und Gurke** (Jonathan Burger) | 114 |
| **Marinierter Saibling mit Senfkaviar** (Gottfried Koller) | 124 |
| **Rindscarpaccio mit Honig-Paradeiser-Sauce, Ofenparadeisern und Parmesanchips** (Hubert Wallner) | 144 |
| **Crème brulée mit Steinpilzen** (Christoph Held) | 150 |
| **Rote-Rüben-Naan-Brot mit Goiserer Schafsricotta, Thymian und Orange** (Christoph Held) | 152 |
| **Saibling in Saor** (Andreas Döllerer) | 164 |
| **Gefüllte Feige im Speckmantel auf Wintersalaten, Rote-Rüben-Orangen-Dressing und Brotchips** (Markus Fuchs) | 200 |
| **Überbackener Alpensaibling mit Störkaviar** (Sigi Ratgeb) | 224 |

# Suppen

Grüne Gazpacho / Gurke / Apfel / Fencheljoghurt (Lukas Kienbauer) .......... 36
Windauer Bergheusuppe (Michael Grafl) .......... 132
Brotsuppe mit Essiggurkerln, Speck, Senf, Miso und Hanföl (Lukas Nagl) .......... 172
Minestrone mit Rucolapesto (Karin Kaufmann) .......... 178
Zillertaler Graukassuppe (Helmut Kröll) .......... 212
Krenschaumsuppe mit Roten Rüben (Martina Krenn) .......... 218

# Hauptgerichte

Kürbis-Gnocchi mit Schmelztomaten, Ziegenfrischkäse und Rucola (Cooking Catrin) .......... 12
Kräuterpalatschinken (Dani Sternad) .......... 17
Kartoffelpizza (Paul Ivic) .......... 24
Rehrücken mit Rahmpolenta, grünem Spargel und Fichtenwipferlhonig (Max Natmessnig) .......... 30
Kichererbsencurry (Michael Schottenberg) .......... 40
Indisches Huhn mit Mandeln (Michael Schottenberg) .......... 42
Koreanische Somennudeln mit Eierschwammerln (Sohyi Kim) .......... 48
Rosa Kalbfleisch mit Tortellini, Schmortomaten und brauner Butter (Thomas Huber) .......... 58
Melanzani-Tarte mit Rispenparadeisern und Honig auf Wildkerbelrahm (Toni Mörwald) .......... 68
Karfiol in Ringelblumen auf Grillpaprikacreme mit gerösteten Haselnüssen und Schnittlauch (Toni Mörwald) .......... 70

| | |
|---|---:|
| Kärntner Ritschert (Robert Kogler) | 76 |
| Pulled Zicklein mit BBQ-Sauce und cremigem Krautsalat (Philipp Stohner) | 92 |
| Briam (griechisches Gemüseragout) (Thomas Stipsits) | 95 |
| Gemüse-Fisch-Bowl (Wolfgang Ensbacher) | 100 |
| Weingartenhendl mit Ofengemüse und Salat (Dietmar Silly) | 110 |
| Gebackene Melanzani mit selbstgemachtem Ajvar und Gartenkräutern (Jonathan Burger) | 116 |
| Eierteigtaschen mit Erbsenfüllung und Zitronenemulsion (Luca Marchini) | 119 |
| Rehragout mit gebackenen Semmelknödeln und Rotkraut (Gottfried Koller) | 126 |
| Geschmortes Lammstelzerl mit gratinierter Zucchini-Kartoffel (Michael Grafl) | 134 |
| Geschmorte Putenbrust mit Hokkaido-Kürbis (Rudi Obauer) | 138 |
| Gebackenes Forellenfilet auf Gemüse-Mayonnaise-Salat (Lydia Maderthaner) | 156 |
| Blunzn Döllerer mit karamellisiertem Paprikakraut (Andreas Döllerer) | 166 |
| Alpenrisotto (Thomas Ensinger) | 169 |
| Zelten mit Crème fraîche, Selchfisch, Salzzitrone und Rucola (Lukas Nagl) | 174 |
| Gefüllte Pasta mit flüssigem Dotter, Spinat und Specksauce (Tamara Lerchner) | 184 |
| Hirschrücken im Wildkräutermantel, Pastinakenpüree und Pflaumen-Nuss-Zigarre (Tamara Lerchner) | 186 |
| Bosnische Sarma (Max Stiegl) | 190 |
| Fleischkrapfen mit Kraut (Bernhard Quehenberger) | 205 |
| Tiroler Leber (Helmut Kröll) | 214 |
| Krenfleisch vom Waldviertler Weiderind mit Erdäpfelknödeln (Martina Krenn) | 220 |
| Tomahawk-Steak mit Erdäpfelnidei und Wintergemüse (Sigi Ratgeb) | 226 |

# Süßes

| | |
|---|---|
| **Moderner Reindling** (Cooking Catrin) | 14 |
| **Topfensoufflé** (Thomas Huber) | 60 |
| **Limetten-Himbeer-Tarte** (Christian Göttfried) | 65 |
| **Pfirsich-Streusel-Tarte** (Hannes Müller) | 73 |
| **Apfelstrudel** (Robert Kogler) | 78 |
| **Himbeerkardinalschnitte nach Tante Herta** (Richard Rauch) | 84 |
| **Schokolade-Käferbohnen-Mousse mit Äpfeln und Rumrosinen** (Richard Rauch) | 86 |
| **Walnusstorte mit Likörglasur** (Rudi Obauer) | 140 |
| **Topfenknödel auf Beerenröster** (Hubert Wallner) | 146 |
| **Kernölgugelhupf** (Lydia Maderthaner) | 158 |
| **Gefüllter Nusszopf** (Karin Kaufmann) | 180 |
| **Burgenländische Kipferl** (Max Stiegl) | 192 |
| **Buchweizentorte** (Bernd Matschnig) | 195 |
| **Salzburger Nockerl** (Michaela Kirchgasser) | 197 |
| **Lebkuchen-Panna-Cotta mit Ingwerweichseln und Zimt-Christbaum** (Markus Fuchs) | 202 |
| **Holzknechtnocken** (Goiserer Goldhaubenfrauen) | 209 |

# Spezielles

| | |
|---|---|
| **Kimchi** (Sohyi Kim) | 50 |
| **Dinkelvollkornlaibchen** (Christian Ofner) | 53 |

# Danke!

Ich bedanke mich bei:

**Alexander Hofer** für das große Vertrauen in die Sendung, **Susanne Lauer** für ihren unermüdlichen Einsatz und die Liebe zu ihrem Team, **Claudia Lang** für ihre Genauigkeit und Erfahrung, **Claudia Kwet** für den Enthusiasmus und die Erfahrung, **Christoph Waltenberger** für den Überblick, **Stefan Wöber** fürs Ermöglichen, **Kurt Kitzberger** für das wunderbare Küchenstudio, der gesamten **Familie Kitzberger** für die Lust am Engagement, **Renate Ortner** für die Hilfe am Set, **Nina Dobusch** für den hervorragenden Schnitt und den Gesamtüberblick, **Cosimo Nando** für den Schnitt und die unendliche Ruhe, **Rainhard Lehninger, Lukas Swatek** und **Viktoria Waba** für die hohe Qualität, **Simeon Baker** for the wonderful pictures and your amazing spirit, **Trisha Schumacher** for your help, **Markus Fuchs** alias Fuxi-Fux, foxman, sexy foxy für die beste Backstage-Küche der Welt, die gute Laune, die Freundschaft und deine Hands-on-Mentality, **Margarita Ganga** für die Social-Media-Unterstützung, **Markus Freistätter** für die Gemeinschaft, die Genauigkeit und den Einsatz am Set, **Christopher Koller** für den perfekten Look, das viele Lachen und den ein oder anderen Drink :), **Florian Mayer** für die großartige Unterstützung, **Alexander Zupan** für den Überblick bei der Planung und die Rolle des Großhirns bei der Produktion, **Dominik Kostolnik** und **Ariane Pellini** für den guten Ton und ihre großartige Teamfähigkeit, **Roman Weinzettl** und **Daniel Gmainer-Pranzl** für das gute Bild und die jahrelange Freundschaft, **Sara Schneider** und **Emil Graholfer** für die perfekte Rezeptkontrolle, **meinem Bruder Patrick Schneider** für die große Hilfe im Unternehmen und den nicht enden wollenden Einsatz, egal, bei welchem meiner vielen Projekte (Danke, Brüderchen!), **meiner gesamten Familie** für die große und unendliche Liebe, **Jamie Harrison** for being an absolute superhero, all the love and making the show look so nice!

Allen offiziellen Partnerinnen und Partnern der Sendung, von denen ich niemanden besonders herausheben möchte, weil bestimmt nicht alle hier erwähnt werden können und ich auch niemanden auslassen möchte.

Allen regionalen Produzentinnen und Produzenten Österreichs. Ihr leistet Außerordentliches.

Allen Köchinnen und Köchen der Sendung, die mit ihrem Können echte Magie auf die Teller zaubern.

Dem Trauner Verlag für die Umsetzung des Buches. Allen dort – ihr seid wundervoll! Besonders der Familie Trauner, Birgit Prammer und Claudia Höglinger.

Dem ORF: Ich bin unendlich dankbar, dass ich diese Sendung machen darf. Es ist ein wahres Geschenk. Danke!